猫組長（菅原潮）

JN054775

ダークサイド投資術

元経済ヤクザが明かす「アフター・コロナ」を生き抜く黒いマネーの流儀

講談社＋α新書

はじめに

本書が発売される頃、皆さんはコロナ・ショックによって陰鬱な日々を送っていることだろう。

ウイルスの感染拡大を防止するため、世界中の国々が移動制限を行い、「消費」が実質的に停止。全世界の実体経済の底が抜けた状態だ。その実体経済に支えられている金融経済もシームレスに破壊された。株式も含めた金融市場は一斉に暴落し、政府介入がある時に暴騰し、と乱高下を繰り返している。

恐慌というマグマの中に投げ込まれた世界中の資産が溶け落ちている状態だ。

このような時期に「投資」を題材にした本を出すことに違和感を覚える人も多いだろう。が、「王道の投資」とは中長期にわたる資産形成である。ならば、ここから先の皆さんの人生を維持するために行うことも「王道の投資」ではないか。

この時代を生き抜くための「術《すべ》」、これが本書のテーマだ。

生存のために必要なことは、刻一刻と変化する状況を正しく認識すること、その認識を基に少し先の未来を導き出すこと、そして準備をすることだ。

かつて私は日本最大のヤクザ組織に所属し、経済ヤクザとして暗躍。現役時代には、石油ビジネスに参入した。

ミスをすれば命さえ奪われるリスクが常在する「黒い経済界」で得た思考プロセスを、新型コロナウイルス感染拡大の現状分析を通して明らかにすることで、連鎖的に訪れる「危機」に対応することができるようになるだろう。

また、私は石油ビジネスの実務を通じて、国際情勢の分析法や、マネーの種が実際の「財」になる構造を知った。

石油と暴力とドルは密接に連動していて、20世紀は石油を求めて戦争が続いた時代だった。２０２０年4月20日には、石油の先物指標であるＷＴＩ（ウェスト・テキサス・インターミディエート）が史上初のマイナスとなる。

オイルを扱っていた私には驚愕の事件だ。

さまざまな事象を結びつけると、「石油を燃やす」ことを目的にした戦争発生のリスクが極めて高くなっていることがわかる。しかも、戦場となる可能性が高いのは日本近海だ。

米海軍でのコロナ感染を奇貨《きか》として、台湾と尖閣諸島周辺でアクションを起こす中国人民解放軍の姿は、抗争勃発前の暴力団だ。暴力の世界に身を置いた私は、訪れる血の匂いを感じ取っている。

リアリティを持てないかも知れない。だが、未来の「リアル」を思い描く基となるのは「現代」で、それがすでに構造転換してしまったことを認識しなければならない。

それというのもコロナ感染がもたらしたのは肺炎だけではないからだ。移動制限によってテレワークが推奨されたが、私たちは他者と会わずに生活できるように社会の在り方を変えた。またこの恐慌は、第二次世界大戦後から80年代まで続いた、国家が主体となってＧＤＰ（国内総生産）を押し上げる経済構造へと変えた。

原油先物指標がマイナスになることなど、誰が想像できただろうか。既存の価値観ではない新たな価値観を保有しなければ、「次のリアリティ」にたどり着くことなどできない。

特別給付金を巡る政治の紛糾はその象徴だ。

１９８９年にフランスのアルシュ・サミットで行われた日米構造協議でアメリカが要請して以来、日本は規制緩和を行い市場に経済を任せる新自由主義へと傾いていく。中世期のローマ帝国が衛星国家の優秀な人材を本国に招いて学習させたかのごとくに、アメリカは日本の官僚を積極的に受け入れた。そこで仕込まれた「新自由主義的価値観」が霞が関で共有され、出世の指標ともなっている。そのアメリカがすでに旧来の価値観を捨て新生しているのにもかかわらず、1周遅れているのが日本だ。

政府の役割を小さくする新自由主義は、緊縮財政とセットとなる。特別給付金について、「皆様が自ら積極的に手を挙げていただくことを想定しているものではございません」とコメントをした政治家の根底にあるのもそれだ。時代錯誤を毅然としたドヤ顔で主張する姿に、開いた口が塞がらなかった。

皆さんがやらなければならないことは、今後、給付金が出る場合には当然の権利として、積極的に受け取ること。大切なことは給付金は蓄財や株投資などに回さずに、なるべく早く日本国内で使い切ることだ。

それこそが皆さんの富を生む源泉だ。まずは10万円から始めよう。

私が皆さんにお伝えできることをできるだけ盛り込んでいる。厳しい社会状況は必然的に人をふるい分ける。だが読者の皆さんが「地獄の創世記」を生き抜いてくれることが、私の希望だ。

それは投資家としての私による、皆さんに対する「王道の投資」でもあるが。

目次

第2章　「コロナ・ショック」サバイバル

第3章　チャイナ・リスクとM＝$V

第4章　血の経済活動

第5章　国民経済が生んだGAFA

第6章 「神」さえ仮死する世界の中で

第1章　カタストロフ時代の投資

経済ショックにプロセスがない

現在、日本はもちろんのこと、世界が「新型コロナウイルス」の猛威にさらされている。大きく分ければ、**今回の「コロナ・ショック」には二つのインパクトがある。一つが疫病そのもの、もう一つが経済に対するダメージだ。**

新型肺炎についていえば、3月25日時点での世界全体の致死率が約4・2％に対して、イタリアやイランでは6〜8％と異常に高い点、治ったはずの人がもう一度陽性になるなど免疫のシステムに影響を与えている点、抵抗力の強い若年層も発病する点など、新たな症例が次々と報告されている。また犬や猫など、「ヒト」以外の多様な生物に感染する報告もあり、すでに別次元のウイルスへと変異した可能性が疑われている。

ウイルスそのものについては執筆時点で「未知」ということで、多くを断定することはできない。はっきりしているのは、感染被害が終息した場所に海外からウイルスが再度輸入され、再び感染爆発を起こすという、いわば「パンデミック・スパイラル」の状態になっているということだ。

治療法やワクチンなどの予防法が確立されていない現在では、公衆衛生的な「移動制限」

がもっとも有効な手段なので、各国で措置が取られている。

これによって世界全体の経済活動が仮死状態となった。

アメリカの好景気の原動力であり、日本のＧＤＰの実に約６割を占める「消費」が大きく抑制されたことで株価が暴落。世界一安全な通貨「ドル」を求めて通貨のバランスが崩れている。

この経済損失については現時点での予測でしかないが、３月20日にアメリカのゴールドマン・サックスが、２０２０年の４〜６月期のアメリカのＧＤＰが、前期比（年度換算）で24％マイナスになる見通しを発表。また、３月22日にはセントルイス連邦準備銀行の第12代総裁ジェームズ・ブラード氏が、ブルームバーグのインタビューに、

「（20年）４〜６月期に失業率は30％まで急激に悪化する恐れがあり、ＧＤＰは50％減と、未曾有の落ち込みが見込まれる」

と答えている。連銀はアメリカの中央銀行にあたるＦＲＢ（連邦準備制度理事会）の直轄なのだから、その信憑性は高いと評価するべきだ。むしろパニックを抑えるために低めの予測を出している可能性さえ十分にある。

ベトナム戦争のアメリカの戦費がＧＤＰ比で約15％、イラク戦争がＧＤＰ比で約10％とさ

れている。1894年からの日清戦争で、日本の戦費はGDP比で約20%だ。規模から見れば「戦争状態」ということになる。実際に、アメリカ大統領のドナルド・トランプ氏は「戦時下」、フランス大統領のエマニュエル・マクロン氏は「戦争状態」、総理の安倍晋三氏は「第三次世界大戦」という言葉を使って現在の状態を表現している。

覇権国「アメリカ」をはじめ世界各国の恐るべき近未来像は確実で、それは**世界が大恐慌の季節を迎える**ことを意味している。

80年代以降の先進諸国は規制緩和による市場の自由性を高めることで成長を実現してきた。だが、今回のショックは市場の基となる「実体経済」そのものに巨大な穴を空けてしまった。企業の目的は社会の利益実現ではなく、自身の営利だ。企業が自由に活動しても、この「穴」を効果的に塞ぐことはできない。一方で「政府」の目的は「公共の福祉」の実現だ。すなわち、政府が主導して「穴」を塞がなければ、自由経済の復活はない。自由の結果GDPが上昇するのではなく、政策と規制によってGDPを上昇させる——すなわち、**ナショナリズムを軸にし、政府が主導する、国民の国民による国民のための「国民経済」が復活する**ということでもある。

アレルギーを抱く人も多いと思うが、問題はナショナリズムが健全であるか否かという点だ。そもそも1955年から73年までの日本の高度経済成長期は、戦後復興から64年の東京五輪開催に向かう国民一丸となった「健全なナショナリズム」と国民経済の融合によって実現している。

「消費」という実体経済の底に空いた巨大な穴、世界同時株暴落による金融面での危機、多くの人が世界一安全な通貨「ドル」を求めたためドル一強に向かう通貨バランス崩壊の危機、史上初の原油価格マイナス――これらはコロナ感染が収まらない限り改善は困難だ。「パンデミック・スパイラル」の収束が不透明な上、この四つの経済的な問題が連動して別の経済的な問題を起こしながら、まるで津波のように何度も人間社会を揺るがす。そしてそれがいつまで続き、どのような終わりを迎えるのかは誰にもわからない。最初の危機は今年9月の可能性が高いと、私は考えているが。

そうした諸問題を一気にリセットできるのが大国間の「戦争」で、そのリスクは20年の秋に向かって急激に高まっていくと私は分析している。

地球規模で発生している激震ゆえにスケールも大きく、リアリティを持てない人も多くいるだろう。だがこの地獄絵図はリアルだ。おぼろげながらでも理解しなければならない。

世界同時株安が発生した2月最終週からしばらく、「コロナ・ショック」は08年のリーマン・ショックが比較対象となってきた。だが予測や、各国トップによるコメントが出そろい、深刻な事態が現実味を帯びてくるにしたがって、1929年からの世界恐慌が比較対象となっている。

ただし、リーマン・ショックはその前年のBNPパリバ・ショックによって、サブプライム債の問題から大きな事件が起こることは予想できた。世界恐慌も、ウォール街での大暴落が事前に発生していた。新型コロナの場合は1月に発生が伝えられてからわずか1ヵ月ほどで社会全体を破壊したのだから、プロセスはほぼゼロということになる。

社会構造を一気に変化させてしまうことから、恐竜を絶滅させたとされる巨大隕石衝突「ジャイアントインパクト」に近いという印象だ。ただしコロナ・ショックは天体の落下のような自然災害ではなく、中国政府による明らかな人災なのだが。

死に至る思考、生きる思考

これほど実体経済がダメージを受けているのにもかかわらず、3月24日にはアメリカ株式市場のダウ平均株価が第二次世界大戦後最大となる11・4%の上昇となり、翌25日には東京株式市場で日経平均株価が前日終値から8%上昇し、歴代6位の上げ幅を記録した。4月30

日には2万円台に回復している。

プロの投資家の間にも楽観論に傾く人間が多いが、株式価格の大原則は企業への信用だ。その信用を形成する土台の実体経済に巨大な穴が空いたのに株価だけが乱高下するのは、異常で危険なマネーゲームが行われているということに他ならない。にもかかわらず、3月26日には、日経新聞電子版が「ネット証券、口座開設が急増　株価急落で初心者参入」と報じている。

二つ断言したい。**こんな状況で素人がマネーゲームに参入することは「正気の沙汰ではない」こと。今もっとも良い投資は「株式投資をしない」ことだ。**90年代のバブル経済崩壊直後も同様の株価の動きがあったが、そこに参入した投資家の多くは、上がり目の「買い」で損をし、下がり目の「売り」で損をし、という「往復ビンタ」の状態で燃え尽きていった。

その一人が私だ。

実は私は、今回の大暴落に巻き込まれず資産を防衛することで難を逃れている。1月19日に中国の広東省で新型コロナの「ヒト－ヒト」感染と拡大が確認され、1月25日に中国が旧正月「春節」に入り民族大移動が起こった瞬間に、私の「直観」が極めて重大なことが起こるシグナルを伝えたからだ。

直観とはオカルト的な第六感「直感」ではなく、経験に基づいた認識だ。そしてこのシグナルを決断へと変えたファクターも、私の自己体験だ。

私は80年代バブル、ITバブルという二つのバブル崩壊とリーマン・ショックをマネーの最前線で過ごした。また、石油のビジネスを通じて、この世界のマネーが何を「種」にしてどう「キャッシュ」になっていくのかという実務を行った。

戦略物資やドルレート、株価の動き、あるいは暴力など、私が「マネーの近未来」を予測する「変数」は、株式だけを扱ってきた証券マン、投資家よりはるかに多い。**私は「数字」ではなく「状況」も含めて総合的に株などのマネーの動きを判断する。**これが私と、株式、先物、不動産など一つのジャンルに特化している投資家との、コロナ・ショックへの認識の差となっている。

楽屋話は好きではないが、実は本書は20年秋の米大統領選挙に向けて上昇トレンド以外に考えられない株式相場における「王道の投資術」を解説する予定だった。すなわち「買い」における正しい銘柄選択と思考法ということだ。だが「ヒト－ヒト」感染拡大と「春節」によって、それまで書いた原稿はすべて捨てた。個人的に入手できる資料や、ニュースを元にまったく新たな分析を開始したのだが、いくら探しても「良い材料」が一つもない事実は、原稿を書き直す労力以上に、私を陰鬱な気持ちにさせた。

新たにした本書の目的は、**これから始まる地獄の季節を生き残る「投資法」**だ。

それをお伝えするために、コロナ・ショックの時系列とともに、私が何を材料にどう考えていたのかを示そう。その土台になるのはマネーと暴力の関係だ。「投資をやめろ」といいながら、「投資」を解説する矛盾は徐々に解消されていくだろう。

ヒト、モノ、カネの移動の自由を保障するシェンゲン協定によって「一つのヨーロッパ」となったＥＵ（欧州連合）等の国々は、コロナ感染からの防衛を目的に「国境」を復活させた。経済復興においては自国優先が当然だ。09年のギリシャ危機で最後まで救済に難色を示したドイツが、イタリア、スペイン、ギリシャなど南欧の経済不況に喘《あえ》いでいた国を手助けするとはとても考えられない。

危機におけるナショナリズム勃興の歴史は繰り返されるということになる。

恐慌は、しばらく続いた規制を少なくする自由経済から、雇用創造を含めた政府主導の経済への転換を促すだろう。すなわち「国民経済」の復活だ。実は暴力を背景に「規制」を使って成長を続けたのが「自由経済の最先端」と認識されているアメリカだ。ＩＴの巨人としてヨハネの黙示録の「四騎士」と呼ばれるＧＡＦＡ（Google, Apple, Facebook, Amazon）誕生の背景から、訪れる「企業と国家」の関係を知ることができるだろう。

好景気を材料に再選を狙っていたトランプ政権は、新型コロナ感染爆発の加害者とされる中国政府に経済制裁という形の宣戦布告を行い、「ナショナリズム」を選挙戦の材料にする方向に動きはじめていると私は見ている。

もちろん日本はアメリカ側とブロック経済を形成し、防衛・安全保障面も含めたアメリカの対中政策の「尖兵」として機能する他に生き残る道はない。こうしたことを含めて状況は１９２９年の世界恐慌から脱出するプロセスに酷似している。**世界が抱えたこれほどの巨額損失を一気に清算する方法として人類が選んだ有効な手段が「戦争」だった。**当時と違うのは、原油価格が暴落している点だ。大国は石油を求めて戦争をしてきた。石油を消費するというファクターを加えると、人類が再び「戦争」を選択するリスクは格段に上昇しているのが、ここから「先」のリアルだ。

世界のＧＤＰの３％以上を喪失するほどの恐慌は、人の「血」なしには元には戻らないということでもある。

ところで、大震災、大事故などが発生した場合、手当ての緊急度にしたがって優先順位を付けることを「トリアージ」と呼ぶ。日本では医療崩壊を防ぐために、重症患者のみコロナの検査を行う「トリアージ」が行われている。**今後は医療だけではなく社会が、皆さんを「トリアージ」することになるだろう。**すでに始まっている派遣切りはその最初の一歩だ。

ただし、戦争のリスクが高まるほどの状況にあっても成長する産業、業種はある。失業率が上がれば、そこに応募が殺到することは確実だ。「解雇」や「倒産」を待っていたのでは遅すぎる。トリアージされる前に、自らの環境の重症度を自己判断しなければならない。

生き残れる環境を選ぶことこそ、将来の自分に対する「投資」に他ならない。２０２０年はビフォアー・コロナ、アフター・コロナとなる、まさに地獄のジェネシスの時代だ。創世記に記されるような苦痛の中で、生き残るための「投資」をお伝えしたい。

「個人投資家」の誤謬

「株投資」を通じて、「投資」の意味を解説するところから始めよう。

インターネットとスマートフォンの普及によって、株式投資での利殖に挑む個人投資家人口は爆発的に増えた。それに伴って株式投資の関連書物が、書店の棚を占めている。

だが、そうした書物の多くは、どれも私には響かなかった。その大きな理由が、戒名のようにタイトルやカバーにプリントされている「勝」「儲」の文字だ。商業出版として購入意欲を刺激する意図は理解できるのだが、プロの視点からすれば「勝ち」や「儲け」を保証することなどできない。仮にそんな方法が世の中にあるのであれば、私が教わりたいくらいだ。私がファンドを評価する平均基準、年15％のリターンを維持するために、どれほど膨大な時間と労力を必要とすることか。書籍の代金でそれが叶えば、この世にプロの投資家など存在しない。

ほとんどの「株式投資関連」の書籍ではスキルやテクニックがあますことなく解説されているが、私はこれにも疑問を抱いている。知りすぎるほど知っていることが理由ではない。「木を見て森を見ず」という譬《たと》えがあるが、特に新規参入してきた個人投資家にとって、スキルやテクニックは「森」であって「木」ではない。「必勝」「儲かる」という枕詞の「盛り過ぎ効果」を考えれば、「盛《もり》を書いて基《き》を書かず」とでもいうべきか。

個人投資家にとって必要なのは、投資行動のもっと手前にあるものだ。私はそれを「ルーティン」と総称している。メジャーリーガーがバッターボックスに入る前に行う独特の動作も「ルーティン」と呼ばれるが、スポーツの世界のそれとほぼ同じ意味である。

「盛基本《もりきほん》」を読むことで問題解決を図ろうとすることを筆頭に、個人投資家の多くは、そのままでは脱出不可能な誤謬《ごびゅう》に陥っている印象だ。本書は既存の投資本と違い「基」を書いて「盛」を書かない。

そしてその「基」とは、私が明日をも知れない裏と表の「投資」の世界を生き抜いてきたノウハウの凝縮で、個人投資家が抱える問題に対する合理的なブレイクスルーだと自負している。それは新型コロナウイルスがもたらした、カタストロフの時代を生き抜く鍵でもある。

まずは、私の経歴を通じて、もう少し具体的な「基」の正体について明らかにしていくことから始めたい。すでに私のことを知っている人もいると思うが、初めての読者を無下《むげ》にはできないということで、ご容赦願いたい。過去については自著『アンダー・プロトコル』（徳間書店）に詳しいので、そちらも読んでいただけたら幸いである。

株価は複合的な「今」の指標

しばらく前の私は「職業は何か？」と問われた時に「無職」という答えが一番正しい状態だった。ただし「無職」は「無収入」を意味しない。

私の専門はファイナンス。つまりマネーのプロである。金融や資金調達と訳されるファイナンスは理論構築をすることではなく実務だ。不動産への投資行動、資金調達と移動、もちろん株式投資もすべてファイナンスに内包される。

こう聞くと「銀行はファイナンスのプロではないか」と思う人は多い。しかし、特に日本の銀行員は会社が定めた部門に所属し、不動産、株という特定のジャンルで働いている、いわば「集団縦割りファイナンス業務」の実行者に過ぎない。もちろん日本の証券会社の多くも「集団縦割り」の制度から逃れていない。

対して私には個人で株、不動産、国際金融など、ほぼすべてのファイナンス業務を横断的に行う経験とスキルがある。資金量さえ同じであれば、どんな銀行員、証券マンよりも優位にファイナンスを実行することができると自負している。

2020年の私はファイナンスの中でも株式投資を住処《すみか》としている。現在の私には、自身が設立した「NEKO PARTNERS INC」CEOの肩書が付いている。投資顧問、投資ソリューション、投資商品、投資教育から、投資のためのニュース配信に至るまで、投資についての総合プラットフォームを提供する会社だ。投資の対象は主に株式である。

それは自身の原点回帰に他ならない。

株式に興味を持ったのは1978年、私が中学生の時だ。64年生まれの私にとって、当時は高度経済成長期後の安定成長期ど真ん中ということになる。きっかけは、偶然、通りがかった証券会社の店頭の株価ボードだ。当時、OPEC（石油輸出国機構）による原油価格の値上げを原因に物価が上昇した。だからといって原油関連の株価が値上がりするわけではない。「風が吹けば桶屋が儲かる」という単純な図式で動かない株価変動の原因探しに私は夢中になった。

翌年からの「第二次オイルショック」によって、景気循環は失速。一方で「省エネ法」（エネルギーの使用の合理化等に関する法律）が施行され、一部の化学製品の製造はより効率的な方法へと進化する。自動車に使われる鋼鈑《こうはん》が高強度化されたことで、軽量となった自動車の燃費は大きく向上した。「原油高騰」というイベントが、政治、経済、技術など、多くの分野に硬軟善悪を交えたインパクトを与えたということだ。

この複合的な要素が「株価」を決定していたのだ。**株価とは、複合的な「今」をリアルに説明する指標**と認識するのが、中学生の限界だった。

株価は操縦されている

高校時代の17歳で株投資デビューをしたが、立ちはだかったのが資本量の壁だった。大きなリターンを得るために、巨大な資本を――リスクさえ帳消しにできるほどの資本調達を望んでも、高校生には不可能だ。趣味程度の規模での株式投資を行いながら私は大学に進学した。

当時はバブル直前で、高騰は不動産から始まる。東京圏の住宅用地価変動率が86～88年の3年間で、3・0％↓21・5％↓68・6％と推移。大阪圏では1年遅れの87年から暴騰が始まり、3・4％↓18・6％となる。

不動産売買の現場は、その少し前に活性化した。私は大学を中退して不動産投資の世界へ向かう。1000万円の土地に対して銀行が、二十歳《はたち》そこそこのガキに何もいわないどころか「借りてください」と頭を下げて1500万円の金を貸してくれていた。不動産業には貸せば貸すほど儲かるのが当たり前だったからだ。

新築マンションは完成までに値段が1・5～2倍になる。購入権は抽選だが、建築計画を見つけるや、自分だけではなく他人の名前も使い、片っ端から申し込む。ハガキを書くだけで金が手に入った。

もはや神話のレベルとなっていた「不動産」で3億円を得た私は、大学の先輩が開業した投資顧問会社に入り、本格的に株式投資の世界へと向かう。

最年長が25歳の4人からなる投資顧問会社だが、最大120億～130億円を運用した。

バブル最盛期に向けて、私は莫大な資本量を駆使して王道の仕手《して》（相場操縦）を楽しむこととなる。

投資家は「安い値段で株を手に入れ高い値段で売る」という思惑を持つ。株価が上昇し続ければ「買う」より「安くなるまで待とう」という心理が働く。そこで「仕手師」は意図的に値を下げる「冷やし玉」をぶつける。冷ますための材料は大量の売り注文という「実弾」や、その企業に対するネガティブな「情報」を流したりすることなどさまざまだ。こうして株価が揉み合う「踊り場」を形成して、再び株価を上昇方向に操作すると、株価はさらに力強く上昇する。

餌を食べはじめた獣から餌を奪い、より飢餓感を煽《あお》ることで食いつきをよくするといえばわかりやすいだろう。**株価は世相の反映だけではなく、意図を持った人間によって操縦もされていることへと**、認識は進んだ。株価を決定する関数は、「投資家心理」というファクターによってより複雑になった。

この時期、私は「仕手」のスキルを磨くことに腐心した。投資家心理を掌《てのひら》の中で操ることは「快楽」と呼んでいい。

暴力経済の圧倒的パワー

だが、山手線内の土地でアメリカ全土が買えるほどの地価暴騰という異常事態は長くは続かなかった。89年12月29日の大納会で、日経平均は史上最高値3万8957円44銭を付けたものの、明けた90年1月4日の大発会で株価は暴落。

ついにバブルが弾けたのだ。

状況ではなく株価の動きを判断材料としていた当時の私たちは、その暴落を一時的な調整と楽観視していた。が、その判断こそ地獄の入り口だった。下落が止まらない相場に「いずれ戻る」と考えて投資を続けた結果、残ったのが負債だ。全員が借金をして、返せるものを返し、できることを全部やった。なんとか1年間は生き残ったが、最終的に20億〜30億円が借金として残る。私個人が背負ったのは3億〜4億円である。借入先には当然、筋の悪いところもあった。

「お金はもうありません。今の状況では作ることもできません。ただし、私にはスキルがある。証券業をやらせてくれれば、すぐに取り返します」

追い込んでくるヤクザに返済として差し出した投資材こそ「自分」だ。

借金の元手が五代目山口組の直参組長の金だったことから、私は親分の前に連れて行かれることとなる。すでに私のことを聞いていた親分は、怒るどころか笑顔でこういった。

「金はあるからの。出したるから、いい話持ってこいよ」

この言葉を聞いて私は怯《おび》えるどころか、再び巨大な資本を元手に株式投資を行うことができるという喜びに震えていた。だが、続けて親分はこう問いかけてきた。

「株を買うとき、君はそこの社長とおうたことあるんか？」

「ありません」

「素人さんは怖いもの知らないのぉ。わしはそこの社長と話してからやないと、株買わんぞ。最後はそこに責任取らすからの」

つまり、インサイダーでなければ株など儲かるはずがないということだ。ニュースなどの情報による株価予想や、私が「快楽」としていた株価操縦のスキルなど子どもの遊びに過ぎなかったのだ。こうして**暴力団員となった私は黒い経済界の住人となり、暴力を担保とした巨大なマネーを生む現実を経験することとなる。**

足が付かないということで、暴力団は資産を現金で保有していることが多い。今日坪1000万円の土地が明日1億円になるとわかっていても、民間企業が正規に資金調達をするには社内、銀行など多くの手続きが必要となる。ところが暴力団は電話一つで資金を調達できる。担保となるのが「返済しなければ最悪殺される」という「暴力」への「恐怖」だ。

上場企業も同様で、緊急に資金調達を必要としている時、頼るのは暴力団だった。その担保として、新規に発行した株を企業が自発的に提供するのだ。企業に現金10億円を渡して株を発行させ、市場価格より安く手に入れる。株価上昇のためにイベントを企画してくれるなど企業側からのレクチャーが付くこともあった。私にも元々仕手のスキルはあるので、市場に流して高く売り抜けてしまうこともできた。これが私が専門にしていた黒い増資の見返り時の新規発行株第三者割当増資の手口だ。

90年代後半からのＩＴバブルで私は暗躍した。

暴力社会からは完全に縁を切ったが、莫大な資本量をパワーとして駆使する私の投資術は一般個人投資家の参考にはならないと思う人も多いだろう。だが、黒い世界、表の世界の両方で巨大なマネーを扱った経験の希少性は揺るがない。「命懸け」の状態で黒い金を扱う時に作り上げたのは投資における行動様式ではなく、そこに至る前の自分なりの準備、「ルーティン」だった。

投資の手前側にある日常生活の送り方や思考プロセスは、扱う資本量とは無関係に共通の

「基」のはずだ。それを知ることは、恐慌の時代でも人生を通じた「富」に繫がるはずだ。

これこそが本書が伝える「基」の一つである。

国際金融の特異点

再び私の経歴に立ち返りながら、もう一つの「基」について触れたい。

黒い世界の住人になったことで、投資顧問時代よりはるかに巨大な資本を扱えるようになったが、日本国内では暴力団に対する規制強化が続く。私自身、ある経済事件で逮捕され名前が知られることとなる。「匿名性」という武器を失った私に、国内での黒い経済活動再開の選択肢はなかった。

そんな私の下にもたらされたのが、成長著しい中国が03年から備蓄量を大幅に増加したことによる、原油価格暴騰の情報だ。ごく少数ながらオイルマーケットに参入する同業者もいるということ、だがその多くは「セラーサイド」（売り手側）で、産油者から直接オイルを買う「バイヤーサイド」（買い手側）は空席のままだということも聞いた。こうして私は「安く買って高く売る」ことを目的に産油地、中東に渡り「石油ブローカー」として「黒い水」のビジネスへと参入する。

石油取引は扱う金額が巨大ゆえに、現金だけではなく証券や債券が往来する世界だった。そうしたペーパーマネーを第三国の銀行に移転したり現金化したりする作業は、広義の意味でのマネーロンダリングだ。

こうして私は最先端の国際金融の実務を経験することとなる。ほどなく個人口座では扱えないほどの利益を生んだオイルビジネスだが、落とし穴が待っていた。知人づての依頼で引き受けた資金移転の中にテロ資金が紛れ込んでいて、知らぬ間に「ＡＱＡＰ」（アラビア半島のアルカイダ）の資金を扱っていたのだ。気がついたのは、バハマにあるバンク・アルタクアの口座にプールしていた６００億円が、アメリカによって突然、銀行ごと没収されてからのことだった。

未必《みひつ》の故意《こい》どころか、完全な遵法をセルフチェックしていたのにもかかわらず、いつの間にか私は「国際社会の危険人物」になっていた。

金融取引は重要な個人情報で、第三者が把握することは人権の毀損《きそん》に当たる。ましてや個人の金融資産は「人権」そのものだ。自分でも覚知していない「ＡＱＡＰ」との関与をアメリカが把握するためには、「ＡＱＡＰ」が関係したすべての金融取引情報を入手しなければ不可能だ。第三国にある銀行を凍結することなども、日本では考えられない。なぜアメリカはこのような暴挙を行えるのか――その理由は01年の「9・11同時多発テロ」と、それ以降のテロとの戦いある。

現在でもほとんどの国家間の送金は、国際送金システム「SWIFT」（スイフト）を通じて行われている。SWIFTシステムの中には、すべての国の通貨、証券、債券、国債の取引情報が存在している。いわば国際金融取引の特異点といえるのだが、この情報は、「人権」を理由に理性的に保護されてきた。

ここで考えなければならないのが「テロ」についてだ。

「秘密」というのは知る人間が多ければ多いほど漏洩リスクが高くなる。事前に計画が漏れれば失敗に終わるテログループは、信頼関係で結ばれたごく少数によって構成される。一方で、テロには実行者の選定から、調査、計画立案、逃亡、実行者の遺族へのサポートまで莫大な資金が必要だ。

アメリカが選んだ効果的な「テロ対策」とは、世界中から「少人数」を探すことではなく、テロ資金を監視し規制することだった。そこで行ったのが「SWIFT」システムの情報開示だ。人権を尊重し開示を嫌がる国や金融機関には自国が発行する「ドルを引き揚げる」ことをそれとなく伝えた。石油、資源、穀物、武器、麻薬……表も裏も含めて戦略物資の国際間取引に使われる通貨は「ドル」だ。金融は経済の「血」だが、「血」とはユーロでも円でも、ましてや元でもウォンでもない。そのもっとも重要な「血」＝「ドル」を盾にした脅迫の前に、「人権」はやすやすと毀損され、現在に至る。

マネーと暴力の関係を理解する

最強の通貨「ドル」を支える決定的な要素こそ「米軍」という最強の暴力だ。

１９４４年に遡る。

第二次世界大戦末期になると、世界中の金（ゴールド）の約80％がアメリカに一極集中した。大戦を通じて最強の暴力となった「米軍」を保有するアメリカが一番安全な地域だからだ。そして44年にアメリカ、ニューハンプシャー州ブレトン・ウッズに連合国44ヵ国の代表が集まり、戦後の国際通貨体制に関するブレトン・ウッズ会議が行われる。

それ以前、各国の通貨は金の引換券だった。すなわち金本位制である。ところがアメリカに金が集まったことで、各国では通貨発行が難しくなった。アメリカには大量の金が集まっていたので、これを担保にお金を発行するという、疑似的金本位体制の構築が会議で決まった。

そのルールは二つ。①アメリカ・ドルは金と交換ができる、②ドルは他の通貨と両替できる、というものだ。

こうして「ドル」は世界の基軸通貨となった。これが「国際通貨基金（ＩＭＦ）協定の締結」と呼ばれるものだ。71年にドルと金の交換が停止されたが、「ＩＭＦ体制」は現在まで維持されている。

アメリカが基軸通貨を発行し、ドルがアメリカに世界一の繁栄をもたらし、ドルの立場を侵す者は「米軍」という暴力で排除するという構造は、金融体制に「とりあえずの安定」を与えている。強大な権益と安定を乱す者をアメリカは許さない。

イラクの大統領、サダム・フセインは１９９１年に湾岸戦争を引き起こしたのにもかかわらず処刑を逃れている。ところがフセインはフランスの働きかけで、99年に導入されたばかりのユーロに石油取引の通貨を変更しようと画策した。ジョージ・Ｗ・ブッシュ政権がありもしない「大量破壊兵器の存在」を理由にイラク戦争に踏み切った理由の一つがこれだ。２００３年に米軍特殊部隊によってフセインは拘束、06年に処刑されたが、石油など戦略物資取引のドル支配を破壊しようとする者には死を、という強烈なメッセージだ。

第二次世界大戦を経て、アメリカは地球のヘゲモニーを手にしている。これらのことは、銀行そのものの没収で学んだことだ。それ以前に知っていれば、何らかの対策を取っていたはずなのに……。

だが痛みを経て、私は「**世界のマネーはドルと暴力の関係によって生み出される**」という定義にたどり着いた。行動心理学では「行動（behavior）は刺激（stimulus）と反応（reaction）の関係によって生み出される」ことを「B＝SR」と表すが、私の定義を式にすると「M＝$V」（「M」＝マネー、「$」＝ドル、「V」＝violence）となる。

特にトランプ政権においては、この傾向が強い。そしてそれは、「コロナ後の時代」を解き明かす鍵になると私は考えている。

私が暴力団やマフィアの経済モデルを実社会に当てはめることに違和感を覚える人が少なからずいるが、それこそ大いなる誤認といえるだろう。国家規模の「暴力」を純化したミニマムなモデルこそが、「黒い経済モデル」だ。

エジプト、ギリシャ、ローマ、モンゴル帝国に至るまで、人類が「経済」と「社会」を手に入れてから「マネーと暴力」の関係は２０００年以上不変だ。たとえヘゲモニーの転換が起こったとしても、「次のアメリカ」が登場する以外のことを、私はシミュレートすることができない。

このことの重要性に気がつかないとすれば、投資は諦めたほうがいい。仕手など人の意思による株価操縦があったとしても、株価を大きく動かすのは大国間の関係の中で生まれるイベントだ。「震源地」の震度と、その影響力を冷静に分析することこそ、「イベント」を人より先に覚知する唯一の手法だ。

その顕著な例が日本のバブル景気だ。

1985年にニューヨークのプラザホテルで、アメリカ、イギリス、フランス、西ドイツ(当時)、日本の先進5ヵ国の財務大臣、中央銀行総裁により「プラザ合意」が結ばれた。ドル高円安が進んでいたが、1ドル＝240円前後で推移していた為替が一気に1ドル＝200円となり、急速な円高不況で国内産業は打撃を受ける。日本政府は対米貿易黒字解消と不況脱出を図って、公共事業への大型投資など内需主導へ急速に舵を切った。合意の翌年、86年12月には、不動産と株の価格が一気に高騰する。

この合意は、アメリカの対日貿易赤字の拡大と国際競争力の喪失への対策として結ばれた。自由貿易を標榜《ひょうぼう》しながら、自国の利益のために為替を操作する。こんなことができるのもアメリカが「ドル」と「最強の暴力」を保有しているからだ。

円高不況時に「バブル」というイベントを先読みして投資を開始した人が、どれほど巨大なマネーを手に入れたかは理解できるだろう。2008年に発生した金融危機「リーマン・ショック」でも、世界の実体経済をマイナス方向に動かしている中国発の新型コロナウイルスのパンデミックによる「コロナ・ショック」でも、富を得た投資家がいることを忘れてはならない。

もしあなたが生き残るための富を手に入れたければ、暴力の上に成り立つことしかできない「社会」や「経済」を嫌悪し悲嘆する前に、人類がしばらく脱却できないであろう「マネーと暴力の関係」を理解することだ。

「コロナ後の時代」は、アメリカがアメリカであり続けるのか、「次のアメリカ」が誕生するのかの分岐点となる。日本はこのうねりに、メインプレイヤーとして参加することもほぼ間違いない。というよりも、不参加の選択肢は亡国の未来しかないのだ。そうした世界構造の転換期にあってマネーと暴力の関係を知悉《ちしつ》することこそ生存の鍵である。

株価や出来高などの市場要因に基づいて相場の先行きを分析・予測するテクニックではなく、世界の状況から判断することが生き残るために必要だ。「マネーと暴力の関係」については、世界で起こっているいくつかのニュースを実例にしたい。「ルーティン」に加えて、これが本書のもう一つの「基」となるだろう。

第2章　「コロナ・ショック」サバイバル

冷静な分析こそ、危機を回避しチャンスを見つける鍵

私の住んでいた「黒い経済界」は機械的にマネーがやり取りされるだけの乾いた世界だ。プロトコル（手順）とフォーマット（書式）に機械的に従ってマネーが増殖し移動するのみで、資産が増える時の高揚感という人間らしい感情が入る余地はない。

自己の生命を担保にした暗黒街の経済活動で必要なのは、感情ではなく合理的利益の追求だ。そこで長く生きてきた私は、政治に対して「幸福を与えてくれるもの」などという希望を抱くこともなくなった。自らの意見と反対の立場の政治家の演説を妨害したり、政権さえ変われば豊かになれると信じたりするほど、政治に夢や希望を抱く人の気持ちはまったく理解できない。むしろ政治に情念《パトス》を持つある意味人間らしい人たちをうらやむことさえあるほどだ。人類が選んだ議会制民主主義は、最大多数の最大幸福の合理的実現手段に過ぎないのだから、万人を幸福になどできるはずがないと思うのだが。

そんな私が国政を評価するポイントは「合理的国家運営能力」のみで、特定の政党や思想などに関心はない。国家運営能力の大きな柱は「国益の追求」に他ならないのだから、私にとって政権の評価基準は合理的国益追求ということになる。国益とは国際社会での影響力な

ど目に見えない「成果」ではなく、国民が直接利益を享受できていることだ。

現在、日本だけではなく世界中の経済が中国発の新型コロナウイルスによるショックから立ち直ろうと喘いでいる。**「国益の追求」という基準に立つと、発足当初から経済復興を掲げているはずの第二次安倍政権は二つの大きなミスをしたと私は評価している。**

一つが2019年10月からの「消費税10％増税」、もう一つは新型コロナウイルスに対する初期対応だ。

ただし、政治に夢をみない私による失政の指摘は政権批判ではない。Twitter上の私の言葉をもって、悪くて「ネトウヨ」良くて「保守派論者」というステレオタイプの評価をする人がいるが、私の基準はすでに述べた通りだ。

株式は上がりはじめれば「買い」、下がりはじめれば「売り」、乱高下が激しい時には「待つ」と状況に応じて方法論が用意されていて、「買う・売る・待つ」のうち最適解を得るために必要なことは「状況を冷静に分析する」、これだけだ。

どんな組織でもミスは生まれるが、大切なのは当事者によるその後の処理だ。特に今回のような世界経済にダメージを与えるショックの場合、その処理の中には新たなマネーのチャンスが埋まっている。繰り返すが、**冷静な分析こそが、危機を回避するばかりかショックか**

ら生存を含めたチャンスを見つけ出す鍵である。

世の中には交通事故から天変地異に至るまで総理である安倍晋三氏のせいだとする人がいる。「アベノセイダーズ」「アベガー」などと揶揄《やゆ》されるが、森羅万象に厄災を招くことができるのは神様くらいだ。一つ一つの批判に反論さえしないのだから仏のようなものでもある。この種の人たちは自身が安倍氏を「現人神《あらひとがみ》」「生き仏」にしていることさえ自覚していないのだから、感情に任せて批判をしていると考えるべきだろう。こうした感情が冷静な分析を妨げる一番の要因であることはいうまでもない。

新型コロナウイルスの感染者が拡大していった当初は、「専門家」を名乗る者がＳＮＳ上で跋扈《ばっこ》していた。そのことが感染拡大を大いに手助けしたことは疑いようがない。また、そうした言葉を鵜《う》呑《の》みにして対応が遅れた投資家は、その後に訪れたショックによって大変な損失を抱えたことだろう。

危機が迫っている時の、私のリアルタイムの思考プロセスを明かそう。私は特別なことをしているわけではなく、「最適解」にたどり着くために持っている知識を総動員しているに過ぎない。しかし、そうした組み合わせの具体的な例示は、「ショック」とこれから数年間は続く余震に対応する財産になるはずだ。

アウトブレイク——感染爆発

報道などを元に、新型コロナウイルス発生と拡大の経緯を整理しよう。

・未公開の中国政府の記録によれば、19年11月17日、中国湖北省の55歳の住民が新型コロナウイルスに感染、感染者が12月15日に27人、31日には266人に達した
・19年12月31日、中国湖北省武漢市で検出された原因不明の肺炎患者について中国のWHOオフィスに報告された。20年1月3日には患者が44人いて、そのうち11症例が重症で残りは安定しているとされた
・20年1月5日、WHOサイト上の「緊急事態への準備、対応」の項目に「原因不明の肺炎——中国」と題したニュースで中国からの報告を世界に向けて公表した

この時点で「ヒト－ヒト」感染は公表されていない。

例えばエボラ出血熱のウイルスの宿主はコウモリの一種だとされているが、こうした自然宿主からヒトにうつる一次感染の状態ではアウトブレイク（感染爆発）の可能性は低い。しか

しウイルスは常に変異と増殖を繰り返していて、一次感染者であるヒトからヒトへとうつるように進化することがあり、その時、アウトブレイクのリスクが格段に高くなる。

・1月20日、国家衛生健康委員会専門家グループのトップが、武漢への移動歴がない中国南部の広東省に住む2人が同居家族を感染源に発症したことを発表した。中国内の症例の総数が3倍以上になった

ついに「ヒト－ヒト」感染どころか拡大が周知された。素人でさえ、この時点で中国国内でのアウトブレイクが起こったことは判断できるだろう。

・1月22日、日本感染症学会の舘田《たてだ》一博理事長が会見で、「新型コロナウイルスが変異を起こしたら、SARS《サーズ》のようになるという可能性は否定できない」とし、「パニックになることがないよう、対応していかないといけない」と呼びかけた

・1月25日、中国は旧正月「春節」に入った

ＳＡＲＳは02年に中国広東省で発生したコロナウイルスによる重症急性呼吸器症候群で、今回と同じ「新型肺炎」として報じられた。インフルエンザのように飛沫によって「ヒト－ヒト」感染し、８０６９人中７７５人が死亡。この時は医療従事者の重症化や院内感染なども起こったが、新型コロナウイルスによる重症例はまだ報告されていなかった。

問題は「春節」だ。中国では祝日と定められているが、中国国内の一般企業は春節の前後7日間を休暇にしていることが多い。日本のゴールデンウィークのようなイメージだが、違うのは14億人の民族大移動が伴う点だ。

１９１８年には鳥インフルエンザが突然変異したという説が強く支持されている、「スペインかぜ」が猛威を振るった。第一次世界大戦直前、人類は最初のグローバリズムを迎え、ヒト、モノ、カネが地球規模で大移動したことで、最初にスペインで報告されたこのインフルエンザは世界中に広がった。当時の統計は正確ではないものの、感染者5億人、死者が数千万～1億人とされる。

新型コロナウイルスの保有者の中国国外への移動を疑うべき時ということになる。

・1月28日、ＷＨＯ事務局長、テドロス・アダノム氏が北京で中国国家主席、習近平《しゅうきんぺい》氏と

会談。翌日には、習氏を「稀有《けう》な指導力がある」と評価する
・1月30日、テドロス氏はジュネーブで会見を開き、新型コロナウイルスについて、「国際的に懸念される公衆衛生上の緊急事態」を宣言する。

だがテドロス氏は、中国国外の感染者数98人を「比較的少ない」とし死者がゼロであることから、

「中国政府の努力がなければ、国外感染はもっと増え、死者も出ていたかもしれない」

「中国は感染封じ込めで新たな基準を作った。誇張ではない」

「他国も見習うべきだ。中国国外の感染者数が少ないことについて、中国に感謝しなければいけない」

と、中国政府による感染拡大防止策が最善であった旨の発言を繰り返した。

11月17日の段階でWHOが対応していれば感染はごく限定的なものだったはずだ。また春節の時期に中国当局が移動禁止令を出していれば、緊急事態宣言はなかったことは疑いようがない。テドロス発言の矛盾の背景には何らかの意図があると考えるべきだろう。

それは、新型コロナウイルス対策でWHOがまったくあてにならない機関に成り下がった

ということを意味する。同時に、中国から人が訪れる国は当事国が独自に対策を練らなければならなくなった瞬間だ。

失敗をすれば「死」を伴った制裁さえ加えられる黒い経済界に生きた私は、常に「最悪のケース」を考える。私の選択肢に「ハイリスク」は存在しない。「リスク」はマネージ(管理)すべきもので、コントロールしうる限り「リスク」ではないからだ。

入念な準備こそがリスクをコントロールする。これが私のリスクに対するルーティンだ。

時系列で整理すれば、「準備開始」は「ヒト－ヒト」感染が確認された1月19日で、水際で感染を止める最終リミットは「春節」だったことがわかるだろう。出入国を制限するのは国家にしかできないが、日本政府は中国からの渡航制限など特段の対応を取ってはいなかった。出入国の規制は国家の主権だ。その国家の意思決定機関は政治というのが民主主義のシステムなのだから、このことは「失政」だったと評価されるべきだろう。

こうして中国からの渡航者によって、新型コロナウイルスが日本に上陸。日本での感染者が確認された初期においてはSNS上で「匿名専門家」が、不安に怯える人心を乱し、「冷静な分析」の機会を奪い続けていた。

怪しい「専門家」たちの跋扈

こうした状況で冷静な現状認識を誤ったものへと転落させる要因が「偽情報」だ。「正しい情報」にたどり着くルーティンを示そう。

2月に入ると日本国内でも感染経路不明の感染者が現れはじめる。同時にTwitter上では新型コロナウイルスについての「Tweetが活発になっていった。東日本大震災や東京電力福島第一原発事故の時、大本営発表より正確な情報を得られたことで、災害時にTwitterを頼る傾向が強くなったからだ。

トランプ氏は「Twitterをフルに活用して大統領となり、現在でも「Tweetによって株価や国際情勢を操作している。「Twitterの「情報暴力装置」としての威力を私は軽視できない。

2月2日には、私自身、新型コロナウイルスについて、こう「Tweetしている。

〈新型コロナウイルスについては悪戯《いたずら》に恐れる必要はないけれど、楽観的に考えるより、リスクの度合いがある程度分かるまで慎重に行動すべきでは？〉

根底にあったのは、間もなく起こるであろう経済ショックへの警戒感だ。

一方、未知のウイルスということで、「Twitter上に発信される情報は、福島第一原発事故以上の玉石混交の状態だった。

「未知」ということは、一般人は元より医師も含めてこのウイルスに対して「無知」ということになる。この時点でできるのは「推測」だが、正しく推測できる知識を有しているのは、コロナウイルスに特化した治療や防疫経験を持つ専門医や研究者、あらゆる細菌兵器への対応を研究している自衛隊の防疫部隊などで、その人数は多くない。なによりプロは、自身の発言の重さを理解しているだけに匿名ということはありえない。

そうした状況で発信された玉石混交の情報の中で、「石」の代表格が「匿名医師」だ。

ＳＮＳ上で最初に反響を呼んだのは、「新型コロナは怖くない」と繰り返し続けた「匿名医師」たちだ。安心情報を発信するばかりか注意を喚起する実名の医者に対しても、しつこいほど安全性を強調し、病的にその意見を否定し続けたのだ。

この火消し専門の「匿名医師」たちは、パニック防止という善意で動いていたのでは決してない。Twitterアカウントを分析すると、こうした「匿名医師」たちの一部が中国系企業に投資をしていることがわかったからだ。

時事通信は「政府、広がる批判に焦り『水際で失敗』、支持率に影」（２月19日）で、〈政府関係者によると、習近平国家主席の国賓来日を控えて中国側から「大ごとにしないでほしい」と要請があったといい、これも後手に回った要因だとみられる〉と報じており、その後、官邸から否定するコメントは出されていない。

中国投資で儲けている「匿名医師」たちの「火消し」と、日本政府への「中国側の要請」の時間的なタイミングを考えれば、両者の繋がりを疑うのは当然のことだろう。

新自由主義の旗手、シカゴ大学のミルトン・フリードマンは「真の変革は、危機的状況によってのみ可能となる」と唱え、市場原理主義導入のために危機的状況発生の必要性を訴えた。この危険な発想は、カナダのジャーナリスト、ナオミ・クラインによって「ショック・ドクトリン」と名付けられ批判されている。実際にチリで革命が起きた後、シカゴ学派のテクノクラート（科学者・技術者出身の政治家・高級官僚）が新自由主義を導入し、チリ経済を破壊してしまったのだから机上の空論ではない。

未知のウイルスに対して恐怖を抱いている人たちは、楽観論にすがりつく傾向がある。福島第一原発が全電源停止となって爆発するまでの間に「安全」「安心」というTweetが民意を得たように、ショックの時には「そうあって欲しい」という情報の浸透速度とパワーが上がるのだ。

だからこそ、「楽観論にすがりつかないように」というTweetだったが、中国系「匿名医師」たちは、このショックに乗じて民意を得てしまった。頭痛、貧血、風邪から痔に至るまで「放射能が原因」とする人たちを「放射脳」と呼ぶネットスラングがあるが、私まで「ウイルス脳」扱いされるほどだった。

2月13日に日本で初めて新型肺炎によって死亡者が出るという痛ましい事態となった。この直後、中国系「匿名医師」たちはアカウントを消して逃亡した。

「ヒポクラテスの誓い」を忘れた数字型「匿名医師」たち

もう一つの特徴が「数字」を用いて新型コロナウイルスの脅威性、危険性を減じる「匿名医師」たちだ。かれらのロジックは、

「インフルエンザによる死亡者数は毎年3000人」

「今回のコロナウイルスを致命率で見ると、世界全体で2・4%、中国国外で0・5%で、SARSの9・6%と比較すると高くない」

と数字ばかりか、ご丁寧にその根拠となるソースまで出していた。「致命率」なる言葉は「致死率」を意味するようだが、「安心」を欲しがる人たちに「専門家」による「数字」の説明は強く浸透する。しかし私は数字型「匿名医師」に三つの疑義を持っていた。第一の疑義

は、この「数字」の信頼性だ。

ご存じのように、アメリカの医療費は高額であるのに、約4800万人のアメリカ人は貧困によって医療保険に加入できていない。アメリカでは日本より幅広い病気に対する薬が販売され、その効果が強いのは、診療を受けるより薬局で薬を買って飲んで治すほうが現実的だからだ。

数字型「匿名医師」たちは「世界」という規模を与えればあたかも正しいと思い込んでいるようだが、先進国アメリカでさえ医者にかからない人は多いという意味で、新型コロナの正しい「致死率」などあるはずがない。まだ発生したばかりの未知のウイルスの「世界全体」の致死率を、8ヵ月で終息宣言が行われたSARSと比較することはナンセンスどころか、詐欺師的でさえある。

第二の疑義は「ヒポクラテスの誓い」、すなわち医療倫理への認識についての疑義だ。

後に新型コロナウイルスは潜伏期間が長いことが明らかになるが、この時点でも「感染経路不明でうつった」ことまでは報じられていた。ということは、症状が出ないにもかかわらず感染している者がいるということは素人でも容易に想像できる。

常識的に考えれば感染して重症化するリスクが高いのは乳幼児や老人、あるいはすでに病気にかかっているといった、抵抗力の弱い人たちだ。匿名とはいえ「専門家」の言葉に安堵した感染者が外を出歩き、乳幼児や老人にうつす可能性はゼロよりはるかに大きい。「ヒポクラテスの誓い」を基にした現在の医療倫理の「基本四原則」は、自律尊重原則（患者の意思決定を尊重する）、善行原則（患者に利益をもたらす）、無危害原則（患者に危害を及ぼさない）、正義・公正原則（利益と負担を公平にする）だ。専門家の言葉に安堵した自覚症状のない感染者が出歩くことによって、抵抗力の弱い人が発症する可能性は高まることになる。

突然変異によって「スペインかぜ」が世界中で猛威を振るったように、「ヒト－ヒト」感染を繰り返すことによって、さらに強いウイルスへと進化してしまうリスクもある。一連の発言は明らかに「無危害原則」を破っているということだ。すなわち「医療関係者」という資格をそもそも喪失している。

第三の疑義がその「資格」の問題だ。

集団発生する治療法が確立されていない未知の伝染病に対しては、病院などで行う対症療法と並行して、公衆衛生面でのアプローチを行うのが通常だ。

混同されがちだが、医療と公衆衛生は似て非なるものである。医療が一人の患者を診察し治療するのに対して、公衆衛生は集団を対象に予防を行う。健康な人たち（集団）から感染者を隔離して、病院が発病した人を治療すると考えればわかりやすいだろう。その間に、医学が根治療法を発見し医療に供給する。医療、公衆衛生、医学は連動しているが、「救命」という地平での役割はまったく異なる。

第二次大戦後、GHQ（連合国総司令部）の占領下で医学部には「公衆衛生」の講座が設けられたが、「公衆衛生」自体が専門領域であり、医療とは学ぶ内容も職業を通じて得られる経験も違う。「致死率」なるものを持ち出して「ウイルスの脅威性は低い」とした「数字型匿名医師」のロジックは公衆衛生の考え方だ。まだ新型コロナウイルスの特徴さえ未解明なこの段階で、講座で聞きかじった知識を「専門家」の肩書付きで、SNSを通して大多数の人間に情報発信をする資格はないということになる。

現在の世界や日本の状況に対して「無資格」の匿名医師はどう責任を取るのだろうか。「医師」を名乗るのであれば、このような初期段階で「匿名」でSNSなどやるべきではない。「数字型匿名医師」が情報を発信した動機は「パニックを抑止する」ではなく、ただ「医師である自分の承認欲求を満たしたい」というものとしか思えない。それはInstagramの「いいね！」欲しさにせっせと「インスタ映え」する画像を上げていく層とまったく変わらない稚拙なものだ。こうした情報が「匿名医師」から発信された時は、「偽医者」からの情報として受け取るべきだろう。

「コロナはたいしたことない」という二次感染

すでに陥ってしまった危機的状況からの脱出は、正しい現状認識からしか始まらない。投資においてもショックが広がっていく過程では、第三者に嘲笑されるくらい、私は慎重に努める。人から「大げさ」とからかわれるくらいでちょうどよいのだ。

リスクをマネージするというのは、このようなことの繰り返しなのだから。

常に地合（相場の状況）が変動する中で、投資家には「正しい現状認識」の確認が「病理」のごとくに宿っていなければならない。専門家という「肩書」で思考停止をするのではなく、歴史も含めた「事実」によって情報の正誤を確認することを怠ってはならない。新型コロナウイルスは怯えるべき対象だが、恐怖で硬直するよりは、こうした「確認のルーティン」を身につける機会にするべきだ。

その後、感染者の聞き取りによって、小規模な患者の集団（クラスター）が次の集団を生み出すことが明らかになり、2月29日には安倍氏が学校の休校やコンサートなどイベントの自粛を国民に要請した。

この頃から増えていったのが、「コロナなんて怖くない」「コロナごときで経済は停滞しない」などという有名人たちの主張だ。

恐怖によって閉塞しようとする社会をどうにかしようと鼓舞しているつもりなのかも知れないが、ナンセンスとしかいいようがない。

多くの近代国家は「暴力」ではなく「法」によって統治されている。その根幹にあるのは「自然権」だ。「自然権」とは、法が社会に生まれる以前から人間が持つ生命、自由、財産、健康などについての権利で、人権はその総称といえるだろう。ナチス政権下のドイツや旧ソ連、北朝鮮などの特殊な国家を除いて、自然権は「法」によって保障されている。

労働力としての価値が低い老人や乳幼児でも、感染リスクがある限り国家はこれを守らなければならないし、治療法が確立されていない状態では、「移動制限」でしか対処できない。

「新型コロナウイルスはたいしたことはない」と、コロナの感染率、致死率自体を軽視することはこの時点では正しかったのかも知れないが、「たいしたことない」という有名人は感染からも経済的な危機からも絶対に安全な立場から、この種の主張を繰り返している。大きな組織に出入りしているだけのチンピラが、看板を盾に明らかに自分より強い人を「たいしたことない」と吠えているようにしか私には見えない。

病気のミソは当事者にならないと、その痛みが理解できない点だ。有名人たちの一部が、本人や身近な人が感染し、それまでの意見をひっくり返した理由もそこにある。

さらに重要な問題は、致死率など新型コロナウイルスの健康へのダメージだけではなく、「移動制限」によってもたらされる経済、政治、文化を含めた社会全体へのダメージだ。「経済」という面から考えなければならないのは、「移動」が国境を越えるというマクロな形態から、飲食店などに行けないというミクロな形態まで「制限」されるということだ。すなわち、経済活動の「消費」に直接ダメージを与えるということだ。ある分野で有名人となったからには発信力がある。そうした人たちは、「社会全体が世界規模でダメージを受け、ゲシュタルトチェンジ（構造転換）を余儀なくされる」というところまで想像を及ばせるべきなのだ。

この時点で私はコロナ・ショックの規模がリーマン・ショックに近いと判断していた。**人を鼓舞する以前に、ショックへの対応を実行に移す時だ。**

GDPマイナス6・3％の衝撃

現在の状況から過去を評価するのはフェアではない。ここまで私の解説が後出しでないことは『プレジデント』で連載している「ダークサイド経済日誌」や、私のTwitterの発言を調べれば確認できる。私自身の「肩書」で思考停止せず、精査して、正しい現状を認識するための「ルーティン」は常に忘れてはならない。

2月17日、内閣府が発表したGDP速報値（第一次）は私を驚かせた。GDPとは内需と外需を足したもので、内閣府が四半期ごとに公表している。「内需」とは個人消費、企業の設備投資、公共投資などの合計額で、「外需」とは輸出額から輸入額を引いた額になる。マクロ経済学の教科書ではないため、GDPの意味だけを押さえたほうが理解は早い。GDPの増減率がおなじみの「経済成長率」で、GDPは国の経済規模や景気の動向を表す代表的な指標として扱われる。

発表された内容によれば、２０１９年度10～12月期のGDPは、前期7～9月期比で1・6%マイナス。年に換算すると6・3%のマイナス成長となる。期にすると5四半期、1年3ヵ月ぶりのマイナス成長だが、前回の18年度7～9月期がマイナス成長となった要因は、18年度4～6月期の設備投資が大きく増えた反動で、深刻なものではなかった。

スーパーやドラッグストアの店頭からはマスクや消毒液が不足しはじめており、それらを買い占めるばかりか転売して利殖を目論む人が現れはじめた。どこの国の人かはわからないが、およそ文明人とは思えない浅ましいできごとの衝撃によって、当初、GDPマイナス成長が大きく伝えられることはなかった。

発表の日、官房長官の菅義偉《すがよしひで》氏は記者会見で、

「消費税率引き上げに伴う反動減や台風、暖冬の影響などで個人消費が減少しているが、駆け込み需要の反動減は前回（の消費増税）ほどではなかった」

「今般の新型コロナウイルス感染症が経済に与える影響をしっかり見極め、経済財政運営に万全を期していきたい」

という認識を示した。日本経済ではGDPの6割を「個人消費」が占める。この速報値自体が深刻に受け止められなかった理由は、「消費税が上がればGDPは冷える」という暗黙の前提があったからだと私は見ている。実際に、消費税が8％になった14年4〜6月期は1・9％のマイナス成長だった。それと比較すれば「1・6％マイナス」は軽く見えるし、政権側には消費税8％のショックを公共投資などで乗り切った自信もある。消費税のショックと、新型コロナが与えるショックを別に考えていることから、官邸が楽観論に傾いていると判断した。

速報値より早く景気動向を知ることは、投資の方向性を決定する重要な要素だ。そこで私

は、独自にGDPの成長率を割り出すようにしている。長い投資経験を基に作り出したオリジナルの関数に組み込むのは、官公庁が発表する数字の他、原油価格の推移、為替、金やダイヤモンド相場、東証の取引額、不動産価格、上場企業の決算はもちろん、霞が関内部からの情報。百貨店に行く時には富裕層が何にどれくらいの金額を使っているのか、スーパーに行けばどの価格帯の商品がどういう層にどれくらい買われているのかなど多岐にわたる。

マクロからミクロまでのデータから導き出した私のGDPの予測値は、これまでかなり正確であることが実証されている。ところが今回は、私の推測していた成長率より、発表された数字は下ブレしていた。驚きの原因は数字そのものではなく、実績のある自身の予測との乖離《かいり》だ。それは「巨大なショック」が発生する強い警戒のシグナルとなった。

「コロナ・ショック」サバイバル

「消費税の影響によるマイナス成長」と、「消費」にダメージを与える「移動制限」とを合わせて考えれば、日本経済がテクニカル・リセッション（2期連続のマイナス成長で景気後退局面）に突入することは確定的だ。そこで私は起こりうる最悪の事態を想定し、一つ一つの対応策をイメージしはじめた。

まず行ったのは、今回の「コロナ・ショック」の特徴の再確認だ。

リーマン・ショックは金融に対する巨大なインパクトが実体経済にダメージを与えたという構図ゆえに、影響が実体経済に及ぶまでにはタイムラグがあった。対して、新型コロナウイルスは「移動制限」によって「消費」という実体経済に直接的なダメージを与えている。

グローバリズムの世界構造では、アメリカ、ＥＵ諸国、そして日本でも移動制限が行われるだろう。

日本のＧＤＰの６割を占め、またアメリカの好景気を牽引しているのは「消費」だ。実体経済へのダメージを予測した投資家が株式市場からマネーを引き揚げ、第一段階では米国債、ゴールド、ダイヤモンドといった古典的で手堅い市場へとマネーを大規模移動させるということになる。

つまり、株式においては世界同時暴落が発生するということだ。

雪崩《なだれ》よりも早い速度で急落する地合になった場合、「考える」「悩む」時間ほど無駄な行動はない。必要なのは即時の意思決定で、そのためにはあらゆるパターンに対する解決策をあらかじめ作り上げておかなければならない。

相場が上昇している時は「買い」のことだけを考えるのが基本だ。人には知られていない成長力のある企業を探し出し、安く買って高く売るという王道の投資の時間帯となる。だが**同時株安の地合では、高い時に「売り」、安い時に「買い」戻すことが基本となる。株を持っていない状態で「売る」ので、「カラ売り」と呼ばれている。**

簡単に仕組みを説明しよう。

現在、1株1000円の銘柄があり、下がることが予想されている。その時、この銘柄の株を証券会社から借り、売ると1000円が手に入ることになる。予想通りに株価が下がり500円になった時に買い戻し、証券会社から借りていた株を返せば、500円のゲインが生まれるというのが「カラ売り」の仕組みだ。

取引の仕組みは複雑に見えるかも知れないが、実際には「買い」とは逆の方向に投資するだけのことだ。

「だったら上がる時に買って、下がる時に売れば、効率よく儲けることができる。同時株安だって損する人はいなくなる」

と思うだろう。都合のいい話には、当然リスクが存在する。

「買い」は現物の株を保有するのだから、いくら値段が下がっても株券だけは手元に残るし、株価がゼロ円以下になることはない。だが株価は理屈の上では無限に上昇するのだから、下がると思っていた予測が外れて上がった時には大変な損失となる。

「買いは家まで、売りは命まで」

という格言があるのはこのためだ。したがって個人投資家は回避する傾向にある。

株の売買には自分の資金だけで株を購入する「現物取引」の他に、証券会社に資金や株式を「保証金」として預け、それを担保に売買を行う「信用取引」がある。「現物」が自己資本でしか行えないのに対して、「信用」は預けた保証金以上の取引ができる。「カラ売り」は証券会社から株を「借りる」ということで、信用取引でのみ行われる。

その信用取引には最低保証金率が定められていて、決済していない段階での損失、「含み損」が膨らんで最低保証金率を維持できなくなると、保証金を追加する「追証《おいしょう》」が発生する。「最低保証金率」が20％に定められている証券会社で50万円の保証金を預け150万円の信用買い（売り）をしたとする。この銘柄が値下がり（売りの場合は値上がり）して保証金評価額が30万円を割り込んだ時に、追証が必要となる。つまり信用取引しかできない「カラ売り」では、資本量がなければならないということだ。

私は資本量を持ったプロなので、地合に応じて「買い」と「売り」の両方を行って、利益が生まれる機会を増やしている。同時株安の気配が起こっている時は、「売り」のポジションを増やしていかなければならない。

「カラ売り」実行のタイミングは早すぎても遅すぎても意味がない。下落が始まった時にはすでに遅く、直前が最も効率的に利益を上げる「その時」だ。

この時期の私は、保有している一つ一つの銘柄をチェックし、ロスカット（損切り）のラインを決めることや、ショック後にどの業種が伸び、コロナ終息後にどういった投資環境が生まれるかのシミュレーションに大きく時間を割いた。

GDPの発表から2月下旬に向かって地球上での感染エリアは拡大の一途だった。この時点で、私はコロナ・ショックから生き残るためのアクションを開始していたということだ。

上昇トレンドの地合では、企業の魅力、成長力などに対する「王道の投資」が基本となるが、同時株安のような下降トレンドにおいては、「マネーゲーム」の傾向が強くなる。私が乱高下する地合を得意とするのは、「シグナル」を受け取った時から発生までの間、こうしたシミュレーションに膨大な時間と労力をかけるからだ。同時に、資本が足らなくなるリスクを考えて、マネタイズ（資金調達）ルートの確認も怠らなかった。

利益を生むことではなく、「マネーが増えるゲーム」を楽しむメンタルが、こうした作業の苦しみを快楽へと変えている。

「非情」という名の資格

ついにその日が始まった。

2月24日、イタリアで感染が拡大し、ヨーロッパの株式市場が急落する。その日、ニューヨーク市場はヨーロッパ市場に引きずられ、ダウ平均株価は1031ドル（約11万円）のマイナスとなった。翌日には、アメリカ市場そのものをゆらす材料が出る。米CDC（疾病対策センター）が、アメリカでも新型コロナウイルスの継続的な感染が起きることになる、という近未来図を発表したのだ。

アメリカの好景気を支えていた大きな要素の一つが消費であるが、家から外に出られない状態になれば消費は冷える――投資家たちは一斉に株式市場からマネーを引き揚げた。27日にダウ平均は1190ドルの過去最大の下落を記録し、28日にはさらに357ドル下げる。2月最終の1週間でダウ平均株価は3583ドルの下落を記録し、値下げ率は12％を超えた。

2月の最終週は歴史に残る「ブラック・ラストウィーク」となる。

投資家は株式市場から国債市場、ゴールド、ダイヤモンドなど安全な市場へとマネーを移す。春節をきっかけにした中国人の民族大移動が、世界の投資マネーを大移動させることとなった。**世界恐慌という地獄の釜への扉は開いたのだ。**政府が大胆な刺激策をとらない限り、扉が閉まることはない。

ＥＵからアメリカへのコロナ感染を確認した私は、速報を受けてすぐに自身のマネーを増やすためにシミュレーションを実行に移した。

新型肺炎にかかってしまい苦しんでいる方、また家族を亡くされた方は痛ましい苦痛を抱えていることだろう。こうした中でもマネーゲームに腐心する私を含めた「非情」な投資家に対して、「人の苦しみの連鎖が作り出すショックをマネーゲームに利用する鬼畜」という憎悪も抱くだろう。

特に華やかな投資生活を夢見て新規参入してきた個人投資家に伝えたいのは、誰かの犠牲を利用してもマネーを増やすのが投資家の素顔という点だ。ネットを通じて知る一部投資家の成功譚の裏側には、「死」や「血」がある。**投資でマネーを増やすということは、血をすする覚悟がなければならない。**

当然、ある種のカルマ（業）を、心身共に背負うことになる。

それが「お金に働いてもらってお金を稼ぐ」という美辞麗句の正体だ。「**株は楽をしてス**

マートに儲かる」というイメージは、この際捨てるべきだ。マネーの世界で生き残りたければ、自身の「非情」を抱えて人生を送るだけのタフさがなければならない。

自己資産の再チェックを徹底する

私が今回の「コロナ・ショック」に動揺しない理由は、80年代バブルとＩＴバブルの二つのバブル崩壊を経験しているからだけではない。さらに重要な示唆を与えてくれたのは、08年に発生した「リーマン・ショック」だ。

リーマン・ショックは、その前年に起こったサブプライム問題の発端である「ＢＮＰパリバ・ショック」から連鎖する形で発生する。パリバ・ショックによってサブプライム問題が近い将来、世界的な金融危機となって爆発することは確実視されていた。その状況で資金が比較的安全な円に避難してくること、また金融危機対策として、規制緩和を行い市場にドルを大量に供給することも当然予測されていた。

すなわち、パリバ・ショックの瞬間から「株安」「円高」は確定していたのだ。コロナ・ショックの場合は、中国内での「ヒト－ヒト」感染からショックを想像しなければならない。とはいえ、パリバ・ショックからの1年と、今回の約2ヵ月ではプロセスの長さが違うのだが。

この局面の投資行動で必要なことは、やはり資本量ということになる。枯渇スレスレの状態では、「売り」と「買い」を連鎖して行わなければいけない乱れた地合を乗り切ることはできない。こういう時こそ、資本量はあればあるほど安全にショックを乗り切ることができ、さらなる利益を生むのだ。

身も蓋もないが、**「資本のボリウム」は投資の基本でありすべてだ。**「お金を持っている人しかお金を儲けることはできない」ということを社会批判のように使う人がいるが、それは「批判の材料」ではなく「資本主義社会での不変の事実」に他ならない。

株式投資によって富裕層になった人が没落する様を嘲笑する人がいるが、失敗しても資本量さえあれば失敗は失敗にはならない。「没落」とは「資本量が不足していた」というだけのことである。笑う前に考えなければならないのは、なぜ富裕層になったのにもかかわらず資本量を維持できなかったのかという点だろう。

ただし一般の人が、私の扱う規模の資本ボリウムを手に入れることは難しい。**限られた資本の中で多くの一般投資家がショックを生き抜くために必要な作業は、徹底した自己資産の再チェックだ。**個人投資家は蛇蝎《だかつ》のごとくに損を忌み嫌う。だが「カラ売り」が連続する地合で「カラ売り」に参入すれば、それこそ資本量が原因の敗北は目に見えている。

資本量がない状況で重要なのは、能動的に諦めること、すなわち損を覚悟で引き揚げる「損切り」の決断だ。

「投資の神様」とされるウォーレン・バフェット氏は5月2日に、自身が率いるファンドが497億ドル（約5兆3100億円！）の赤字となったことを発表。米国株への投資を明言した。誤解してはいけないのは、この赤字が「損失」ではなくて「損切り」ということだ。

投資家であれば当たり前に抱えている「非情」は、自身のマネーに対しても行使されなければならない。それ以前の高騰の地合に乗って暴落を読み切らずに信用買いを続けてきた投資家が、保有した株を抱え続けることは損失を増やすこと以外の意味を持たない。

自己資本が小さければ小さいほど、自分のマネーに対する愛情は強くなる。その愛情が目の前のわずかな損失をためらわせ、その後に生まれる大きな損失に対して盲目になるのだから、もはや執着と呼ぶべき感情だろう。火事をボヤで済ませるためには、できるだけ損失が小さいうちに保有株を売る「損切り」を実行することだ。

私自身、神ではない。事前の予想からズレた銘柄は何の感情もなく「損切り」を行った。

前述したとおり本書のテーマは当初は、トランプ氏再選に向かって上昇確実な株式相場での

「王道の投資術」を解説するものだった。コロナ・ショックによってそれまで書いた原稿はすべて「損切り」をして、新たに書き直している。

私は投資家として私自身に「非情」であることを強制執行しているのだ。

スタグフレーションのリスク

3月9日、内閣府は2月に発表していた19年10〜12月期のGDP速報値を、下方修正して発表する。前月比マイナス1・8%、年率換算で7・1%のマイナスとなった。表「GDPで見る日本経済へのダメージ比較」を見れば、この数字の意味は理解できるだろう。

マイナス7・1%は東日本大震災を超えているが、この時点で「コロナ・ショック」がなくても2期連続のマイナス成長、「テクニカル・リセッション」の可能性は高かったと私は分析している。消費税については税負担の公平性と不公平性の議論が起こるが、私の批判点は「消費」を直接抑制する点だ。

日本のGDP成長を牽引しているのは「消費」で、それは中間所得者層によるところが大きい。成長はこの層が、どれだけ「消費」に可処分所得を回すことができるかにかかっている。

	消費税10% 速報値	消費税10% 改定値	消費税8%	東日本大震災	リーマン・ショック
時期	19年 10～12月期		14年 4～6月期	11年 1～3月期	09年 10～12月期
GDP	−1.6	−1.8	−1.9	−1.4	−4.8
年率換算	−6.3	−7.1	−7.4	−5.5	−17.8
個人消費	−2.9	−2.8	−4.8	−1.8	−0.5
住宅投資	−2.7	−2.5	−9.1	1.1	−8.2
設備投資	−3.7	−4.6	−1.9	2	−6
公共投資	1.1	0.7	−5.3	−2.8	3.3
輸出	−0.1	−0.1	1.3	−0.9	−25.5
輸入	−2.6	−2.7	−3.9	1.3	−16.2

GDPで見る日本経済へのダメージ比較

財務省が２０１９年９月に発表した、18年度の内部留保額は金融業・保険業を除く全産業ベースで、４６３兆１３０８億円と７年連続で過去最大を更新した。一方でＯＥＣＤ（経済協力開発機構）が19年８月に発表した統計によれば、日本人の賃金は過去21年間で８・２％減っている。日本経済はバブル崩壊後から「失われた30年」と呼ばれて停滞しているものの、いくつかの回復の兆しがあった。ところが97年の山一證券廃業に代表される金融システム危機、２０００年12月からはＩＴバブル崩壊、08年のリーマン・ショックと、回復期に大きなマイナス要因が発生している。想定外のショックに対応するための自己防衛として内部留保額を膨らましながら、労働者には収益が還元されない構造が続いていたということになるのだ。

税金はマネーに対する刺激だ。

内部留保に課税し、人件費や設備投資、あるいは金融投資に使用した分は低減する仕組みのほうが中間層の可処分所得が増加し「消費」が増えるという観点から好ましいと、私は考えている。投資家にとって内部留保は企業の健全性を示す重要な指標の一つだが、そうした課税の制度があるなら別な指標を使うようになるだけだ。

すなわち消費税10％増税はやはり、失政ということになる。その上で、東日本大震災の時にはない負の要素をいくつか挙げてみよう。

世界同時株安が発生しているのだから19年度1～3月期もマイナス成長は確定したということだ。四半期連続のマイナス成長は深刻な事態だ。

本書発売より後に数字が発表されるので予測の域を超えないが、この時点ですでに20年度4～6月期のマイナス成長も確定的なうえ、7～9月期以降も新たな不況が訪れ悩まされる可能性が極めて高い。

その理由は、新型コロナによって中国の企業が稼働停止状態に陥っていることだ。

スケジュールに従って能動的に生産基盤を移していればコントロールもできるが、世界のサプライヤーが予定外に生産力を減少させることは、世界全体の物資の供給が停滞することを意味している。こうなると日本国内ばかりか世界全体で物を生産したくても販売したくてもできない状況に陥ることは明らかだ。供給の減少が、物価の上昇を生むことはいうまでもない。

物価が上昇すれば失業率が下がり、物価が下落すれば失業率は上がるということで、物価と失業率はトレードオフ（両立しない）の関係にある。物の供給が需要に追いつかなければ物価は上昇する。失業率については、コロナ・ショックの影響で上昇する。リーマン・ショック直前の失業率は4・0％だったが、日本に影響が及んだ09年7月には過去最悪の5・6％に達していることが一つの実例となる。しかし、今回の規模がどれほどの上昇に達するのかは想像もつかない。

物価と失業率が同時に上昇する状態は、「スタグフレーション」と呼ばれる深刻な不況だ。**コロナ・ショックによってデフレ状態に陥っている日本経済でスタグフレーションが発生するリスクが高い**ということは言い過ぎではないと私は考えている。

80年代のイギリスとアメリカは、原油価格高騰による物価と失業率上昇の「スタグフレーション」に悩まされた。その時は規制を取り払い、供給効率を整備することで解決したが、今回の供給不足は中国という海外の生産基盤によるものなのだから、国内政策での解決は不可能ということになる。そこで考えなければならないのが、「消費」に直接ダメージを与えている「消費税」の存在だ。**リーマン・ショックレベル以上の財政出動と、時限的な消費税撤廃を含めた大胆な減税を実行しなければ、日本経済はさらなる深みに陥っていくことになるだろう。**

手に入る限りの全要素をシミュレートして導き出したのが、これらのリスク予測だ。予測を外すことは本書どころか、私自身の信頼も失うという意味でよいことではない。ただし政治が能動的に動いて私の予測が外れたのであれば、それは喜ばしいことである。いくら投資家という「業」を背負っていても、国民が苦しむ姿は見たくないというのが、同じ日本人としての偽らざる気持ちなのだから。

「今する投資」と「新たな投資」

3月上旬までに起こった出来事と、その時々の私の思考を明らかにした。そこで重要なのは「今する投資」と「新たな投資」についてだろう。

3月16日の中国の国家統計局の発表によれば、1～2月の中国の工業生産は前年同月比で

13・5％のマイナスと、市場予測値3％マイナスを大きく下回った。同じく小売売上高は予想4％マイナスに対して20・5％マイナス、都市部固定資産投資が24・5％マイナス。失業率は6・2％に上昇。20年1〜3月期のGDPが前年同期マイナスになることは確実で、中国経済は天安門事件が起こった1989年以来初めての事態を迎える。

世界の供給源における恐るべきマイナス成長は、世界全体へと広がっていくということだ。中国からEUへ、EUからアメリカへ、アメリカから日本へ、そして中国へ……金融と実体経済のダブルショックのスパイラルがいつ、どこで終わりとなるのか私でさえ予測不可能だ。この時点でわかったことは、**コロナ・ショックがリーマン・ショックを超えた**ということだ。

ITバブル崩壊（2000年）、リーマン・ショック（08年）と、00年以降は約10年ごとに「ショック」が発生しているが、コロナ・ショックの規模はこれに当てはまらない。**比較できるのは1929年のウォール街大暴落から始まった、世界大恐慌だと私は見ていた。**だが当時を経験した投資家は皆無だ。**大規模なショックの中では自分の現在位置の喪失、すなわち自分の置かれた状況を見失うことがミスに繋がる。**

そんな時、常に私が頼る地図こそ歴史だ。

ジョン・K・ガルブレイス著『大暴落1929』(日経BP)は、私自身の経験に新たな知見を与えてくれることとなった。ウォール街の株価暴落が複合的な原因と連鎖して発生した世界恐慌と、疫病が実体経済に巨大なダメージを与えたコロナ・ショックでは「原因」とプロセスが違う。しかし、「投機」というマネーゲームのリスクに時代の差がないこと、また「暴落」から「恐慌」にいたっても、当時のフーバー政権が財政均衡を維持したことが傷口を塞ぐことを遅らせたことは大いに参考になった。

まず、**新規参入してきた一般投資家に「今する最悪の投機」は「投資を始めることや継続すること」であり、「今する最良の投資」は「投資をやめる」**ことだと断言したい。

数字を盛りがちな中国の国家統計局の発表は、世界恐慌を確信させるのに十分だ。くわえて2月28日にはゴールドとダイヤモンドの相場が、3月19日には米国債が下落した。いずれも戦争や経済など強いショックが起こった時に、マネーが最初に逃避する市場だ。こうした固い相場が、これほど早く値下がりした異常事態の意味は、多くの投資家のキャッシュがショート(不足)していて保有資産をキャッシュに替えているということだと私は分析していた。

それほどの規模のショックということだ。

下落に向けた値動きの激しさに色気を見せて私に相談に来る人も多いが、素人が手を出せば火傷《やけど》どころか、黒焦げの焼死体になることは間違いない状況だ。「今はやめておくのが本当の投資です」と繰り返している。というのも、そもそも相談に来ている時点でこの終わりの見えないショックを乗り越えることなどできないのだから。

数字ではなく状況を見る

個人投資家の中でもできる層は、私同様「損切り」をして「カラ売り」に走り、その中で上がる銘柄を買っている。

具体的には、世界的に「移動制限」が行われている状況で自宅にいる時間が長くなることから、インターネット関連株は好調だ。また、私たちが「ＥＴＦ（上場投信）ダブル」と呼ぶ「日経ダブルインバース上場投信」（銘柄コード１３５７）も注目している。これは日経平均が５％下がれば、ＥＴＦダブルが10％上昇するというように、日経平均の下がり幅の２倍の値動きで上昇する銘柄だ。同時株安の状況では当然好調となる。

このようにショックの中でも株価が上がる銘柄はあるが、**「買い」を実行する条件は上がる理由がしっかりしていることだ。**投資家の中には「テクニカル」（株価の値動き）だけで買う人が多いが、このような状況で「テクニカル」に頼ることは非常に危険なことである。「ネット関連株」も「買い」となるのは、3月中旬時点の話だ。

その理由は、その後の状況にある。今回のショックが金融と実体経済両面に及んでいることを再確認した上で、各国の政府がこの救済に乗り出すことは間違いない。金融面では中央銀行が大胆な対応策を実行することは確実だ。そこで株は上昇する。

3月15日には、FRBがゼロ金利への緊急利下げを発表した。翌16日には、日米欧の六つの中央銀行が金融市場へのドル供給を拡充することを発表した。金利をゼロにすることで各国の銀行がドルを調達しやすくなり、ドルの流動性を高めることが期待できる。ただその供給は全世界で平等ではない。

リーマン・ショックの時、ハードカレンシー（国際通貨＝国際取引や為替取引に使用される通貨）を発行する世界の中央銀行が協議をし、アメリカのFRBを中心として、日本、イギリス、ECB（欧州中央銀行）、スイス、カナダの5大中央銀行が、無制限スワップ（直接ドルを融通する取り決め）を結ぶことで合意した。「六つの中央銀行」がこれである。

現在の世界の基軸通貨「ドル」の供給構造は、FRBを中心とした地域代理店構造になっている。日本がアジア、イギリスはイギリス連邦とタックスヘイブン、ECBがEU圏、スイスは非ユーロ圏を担当。南米についてはＦＲＢが直接供給する。この供給構造は世界の金融が非常事態に陥った時に優先救済すべき「点」であり、中国は入っていない。

六つの中央銀行はドル供給を続けながら、為替、株式市場に介入するだろう。もちろん最初は下落の速度に追いつかず、焼け石にぬるま湯をかける状態が続くが、その揉み合いを経てしか金融は安定化していかない。**株式投資においては中央銀行の介入の時が売買のチャンスということだ。ショックによって大幅下落し「塩漬け」状態の株を手じまいするのであれば、この時期を逃してはならない。**

感染自体が終息して「移動制限」が解除された後に待ち受けるのは、「供給不足」と「失業率の急上昇」という深刻な事態だ。１９２９年の世界恐慌の時、爆心地アメリカはケインズ経済学的政策でこれを乗り切った。今回も各国で大幅な財政出動が行われることは間違いない。

だが、世界恐慌が第二次世界大戦のきっかけになった歴史を忘れてはならない。特に今回のショックによって、世界は中国への対応を義務付けられることとなった。

２００１年に総理となった小泉純一郎氏の靖国参拝を原因として、05年には中国内で反日活動が活発化し、日本系スーパーへの暴動が起こった。12年には尖閣諸島国有化に反対して、中国内でデモが発生し暴徒化。日本系企業に対して、政治的メッセージとは名ばかりの破壊や略奪が行われたことを覚えている人は多いだろう。

日本人はすでに直面していた「チャイナ・リスク」に、今度は世界が直面することになったのだ。

このことは世界の構造を激変させることを意味している。その過程では「マネーはドルと暴力によって生み出される」という構図が必ず出てくるはずだ。それを知るためには歴史を振り返らなければならない。

そこにこそ、次の「投資」がある。

次章では来るべき世界構造の変化と「M＝＄V」について解説しよう。

第3章　チャイナ・リスクとM＝$V

21世紀に生まれた列強

２０２０年3月11日、ようやくＷＨＯの事務局長、テドロス氏は新型コロナウイルスの感染状況が「パンデミック」（感染爆発）であると認めた。しかし、２月２日にアメリカが中国全土への渡航中止勧告を出した際に、

「（中国への）渡航や貿易を不必要に妨げる措置は必要ない」

と強く非難したのは同じテドロス氏である。この変節の背景にあるドス黒い関係について考えたい。

テドロス氏はエチオピアの出身だ。道路、発電所、鉄道、ダムなど公共投資を行ったことで、エチオピアは２０１４年には経済成長率世界1位の10・３％を実現する。しかし、原資はほとんど借金によるもので、総額はＧＤＰの実に59％に達している。

その借り入れの大部分がチャイナマネーで、この時の外務大臣がテドロス氏だ。

アメリカの「ＳＡＩＳ」（ジョンズ・ホプキンス大学高等国際問題研究大学院）の「ＣＡＲＩ」（中国アフリカ研究所）によると、中国からのアフリカ諸国への融資においてエチオピアはトップを占めている。また、中国共産党では「一帯一路のモデル国家」と評価されていて、海外報道で

は「アフリカの中国」とも呼ばれている国だ。

そこで「一帯一路」について考えたい。

「一帯一路」とは、中国南西部から中央アジアを経由してヨーロッパまでの「シルクロード経済ベルト」（一帯）と、中国沿岸部から南シナ海、インド洋、アフリカ東岸を経由して地中海までの「21世紀の海上シルクロード」（一路）からなる巨大経済圏構想だ。この「一帯一路」に参加する国は、中国が主導するＡＩＩＢ（アジアインフラ投資銀行）を通じてインフラ開発費の融資を受けることができる。

借りた金は返さなければならないのだが、中国は融資が焦げ付いた国から陸路や海路の拠点を合法的に収奪。これまでにギリシャのピレウス港、スペインのバレンシア港、スリランカのハンバントタ港など海洋拠点を手中に収めることに成功している。

すなわちＡＩＩＢとは、中国共産党が運営する「国家ヤミ金」ということだ。

借金の取り立てには暴力がもっとも効果的に機能するのは暴力団も国家も変わらない。イギリスの国際戦略研究所が発行する『ミリタリーバランス　２０１７年』によれば、人民解放軍は２１８万人の正規兵と51万人の予備役を持ち、兵員数は世界最大だ。インフラ開発費を中国に頼る国とでは暴力の規模が違う。

19世紀から20世紀にかけて、欧米列強は競って植民地を争奪した。海洋国家であるイギリスは海の要所を点で、フランス、ドイツ、ロシア、アメリカなどは陸地を面で植民地化したが、武器になったのはマネーと暴力だ。国家ヤミ金と世界最大の軍隊を使って第三国の土地を収奪する中国は、21世紀に新たに生まれた列強ということになる。つまり**米中貿易戦争とは、覇権国・アメリカと新興の列強・中国との闘い**という構図だ。

テドロス氏の前任は、香港出身のマーガレット・チャン氏。03年にSARS対策の陣頭指揮を執り、06年にその功績を理由に中国政府がWHO事務局長候補に推薦した。だがアジアでSARSを最初に封じ込めた国はベトナムだ。香港で感染者1755人、死者300人を出しながら、ようやく終息させたのが中国のいうチャン氏の「功績」だ。この空疎な「功績」をWHOトップという「実」に変えるために中国政府はマネーを使ったことが報じられている。そしてテドロス氏を後任として強く推したのは、チャン氏だ。19年から中国の拠出する国連分担金はアメリカに次ぐ2位となっている。

1月下旬の「中国は感染封じ込めで新たな基準を作った。誇張ではない」などの「中国賛美」と合わせると、テドロス氏が個人的な理由で中国を擁護していたことは間違いない。国連機関でありながら、WHOはすでに帝国主義の出先機関になっていたということだ。

1月19日の「ヒト－ヒト」感染確認後の22日と23日にＷＨＯは緊急委員会を開いた。出席したのは委員や顧問21人だが、オブザーバーとして中国大使が招かれたことをフランスのルモンド紙が報じている。この中国大使がどの程度の影響を与えたのかは定かではないが、会議の結果、ＷＨＯは緊急事態宣言を見送った。

これを整理をすれば、**新型コロナウイルスは発生こそ偶発的だが、感染拡大は新帝国主義国家・中国と、それにかしずいた従属者・ＷＨＯによる人災**ということになる。

世界中に蔓延し、世界経済を停滞させ、健康と経済の両方で現在も多くの犠牲者を生んでいる新型コロナ拡大の主犯、中国政府への憎悪が生まれるのは当然だ。感情に囚われることを拒否し続けてきた私でさえ、時に中国政府への憎悪を抱いている自分に気づかされるのだ。この痛みを笑って許せるほうがどうかしている。多くの日本人も同様の感情を持つだろうが、敵意を中国の一般市民に向けるような恥ずかしい真似だけは避けるべきだ。また、何の感情も持たないウイルスを憎むような不毛な行為もやめるべきだ。

憎むべきは「コロナ」でも「中国の市民」でもなく、「習近平体制の中国政府」である。

3月5日にはアメリカ国務長官、マイク・ポンペオ氏がＣＮＮでコロナを「武漢ウイルス」と呼び、副総理兼財務相の麻生太郎氏も「武漢ウイルス」と呼んだのは「憎悪」の一端

だが、これに対して、

「特定の地名と結び付けることが風評被害や差別を助長するおそれがある」

と人権を盾に懸念を表明し、火消しに動いたのは従属者・WHOだ。

膨らみ続ける中国へのルサンチマン

だがWHOの意図的懸念など意に介さず、3月20日には大統領のトランプ氏が会見で、

「新型コロナが制御不能となったことは遺憾だ。中国で発生し、手に負えない状況になった。腹を立てている人もいる」

と遺憾を表明、同席していたポンペオ氏も、

「中国共産党から専門家への情報伝達が遅れた。リスクの特定が遅れれば遅れるほどリスク要因は変化し、世界中の人々をリスクにさらす」

と中国政府の責任を強調した。

同日のアメリカ株式市場では、ダウ平均の終値が、トランプ氏が大統領に就任した時の1万9827ドルを下回る。大型減税や史上最長の好景気で世界の株高をリードしてきた「トランプ相場」が、新型コロナウイルスによって崩壊した瞬間だ。しかもこの時、アメリカで

の感染は拡大の一途となっていて、19日にはカリフォルニア州、20日にはニューヨーク州、イリノイ州が、州内事業者の自宅待機を義務付けると発表している。３州の人口を考えれば、実に「７０００万人」の経済圏が活動停止を余儀なくされたということだ。

20年秋の大統領選で「好景気実現」は最も効果的に機能したはずだが、ご破算となった。だが、20日の会見ではトランプ氏は「中国や習近平国家主席を大いに尊敬している」と前置きしており、苛立《いらだ》ちを隠してみせた。ポンペオ氏も「誰かを非難するのではなく、必要な情報を皆で確実に共有していくことが重要」と付け加え、表向きには理性的な会見となった。

だが、私には、トランプ氏の、

「腹を立てている人もいる」

という一言から強いメッセージを感じ取っていた。19年12月には米中貿易戦争の影響で、中国を好ましくない国と思う米国民は60％、スウェーデンで70％、フランスで62％となったことが米シンクタンク、ピュー研究所の調査で明らかになっていたからだ。この時期、欧米各国の国民は拡大するコロナへの対策に意識が向いていた。だが「嫌中」という中国共産党に対する世論はすでに出来上がっている。沈静化に向けて冷静になった時、ＷＨＯを支配下に置きパンデミックを起こした当事国、中国への憎悪が起こるのは自明の理といえるだろ

う。トランプ氏の「一言」は、

「世論が中国への怒りで固まった時には、アメリカはアクションを起こす」

という宣言としか私には思えなかった。もちろん中国も、そうした世論が形成されることを危惧し、3月12日には、中国外務省の報道官、趙立堅《ちょうりつけん》氏が、

「米軍が武漢にコロナウイルスを持ち込んだ可能性がある」

とTweet。18日には、保健当局の専門家チームのトップを務める鍾南山《しょうなんざん》氏が記者会見で、

「ウイルスの発生源が中国だという証拠はない」

と発言。自らに責任が及ばないよう、必死の防戦を行っていた。これはすでにコロナ被害国に対して中国が独自の政治工作を開始していたということだ。

「三戦」の展開

人民解放軍が行う輿論《よろん》戦（世論戦）、心理戦、法律戦の三つの戦術を指す「三戦」という言葉をご存じだろうか。「中国人民解放軍政治工作条例」の03年の改定時に記載された政治工作戦術だ。陰謀論の代表格のように思われているかも知れないが、アメリカ国防総省の2009年版「中華人民共和国の軍事力に関する年次報告」（Military Power of the People's Republic of

China 2009）でも次のように説明されている。

・「輿論戦」は、中国の軍事行動に対する大衆および国際社会の支持を築くとともに、敵が中国の利益に反するとみられる政策を追求することのないよう、国内および国際世論に影響を及ぼすことを目的とするもの

・「心理戦」は、敵の軍人およびそれを支援する文民に対する抑止・衝撃・士気低下を目的とする心理作戦を通じて、敵が戦闘作戦を遂行する能力を低下させようとするもの

・「法律戦」は、国際法および国内法を利用して、国際的な支持を獲得するとともに、中国の軍事行動に対する予想される反発に対処するもの

「三戦」が有効に機能したのが、南シナ海における南沙諸島の実効支配だ。中国は1992年に「領海および接続水域法」という国内法を作り、領海を中国の陸地から12海里と定めた。中国政府が「中国」と定めた陸地には、台湾、尖閣諸島、南沙諸島などが一方的に含まれていた。南沙諸島においては漁船を送り込み、その数を船団にまで膨らませ、漁船と漁民を守る名目で巡視船を送り込み、ついには基地まで作り上げてしまう。

国内法を作り（法律戦）、中国との関係を「戦略的互恵関係」としていた当時のオバマ政権の姿勢を読んだ（心理戦）上での実効支配だ。中国が米国内でプロパガンダをかけていたこと（輿論戦）は、トランプ政権下で副大統領のペンス氏が18年の「ペンス演説」で明かしている。南沙諸島の問題は国際法廷にかけられ中国は敗訴したが、国内法を盾にして無効と強弁し実効支配は継続している。

このように侵略戦争をせずに実質的な「侵略」を実現することこそが「三戦」の目的だ。日本にとって身近な例が、前述した05年の反日デモの結末だ。当時、総理だった小泉純一郎氏の靖国参拝に、中国政府が反対。「反日」を理由に中国にある日系企業に対して暴虐の限りを尽くした挙げ句、中国政府は「そもそもの原因は日本側にある」として賠償を拒絶する。デモの沈静化の代わりに、東シナ海の日本領海ギリギリの場所にガス田開発の基地建設を日本に認めさせた。この基地は軍事基地としての機能を持っていることから、実効支配されたということだ。さらに小泉氏は過去の侵略、植民地支配に対して謝罪までさせられた。

尖閣諸島の問題では、中国の巡視船が航行している写真と記事を英文で全世界に配信し、あたかも所有者であるかのように宣伝。対日政策においては第二次世界大戦中の日本帝国の歴史を用いて「日本は中国に対して悪事を働いた」とすることで、世界の民意を得ている。

大戦当時に現在の中華人民共和国が存在していなかったことは、いうまでもない。

こうした実例を考えれば、新型コロナ発生当初に中国系匿名医師によって行われたTweetも、中国外務省報道官や、保健当局トップによる「コロナ米軍主犯説」も、「三戦」の一環としか思えない。中国政府は新型コロナの「悪者」は「自分たちではない」という図式を作り上げようとしているということだ。

だが、「大事にしないで欲しい」という要請に応えて渡航制限を行わないなど、中国への譲歩慣れしてしまった日本相手に通用した成功体験が、アメリカやヨーロッパの国や人に通用するとは到底思えない。何よりそうした無理筋の強弁は、理性的であろうとする人にも中国への憎悪を膨らませることになるはずだ。大統領をはじめとする重職者が「中国ウイルス」と呼び続けることは、そうした「憎悪」を生む十分な下地となる。覇権国のトップが意図的に「憎悪」をしかけているとしか、私には思えない。

すでにコロナ・ショック収束後に向けて「戦争」は始まっていると私は考えていた。

「コロナ」というショックと「中国嫌悪」のドクトリン

「コロナはアメリカの責任」という中国流の強弁は、私たち日本人にとっては「いつもの中国」だ。尖閣諸島にせよ、南沙諸島にせよ「ただの岩石」であり、「こんなことで戦争などできない」というのが欧米の大部分の一般市民の認識だ。しかし多数の死者まで出したコロナ感染の被害と、恐慌という経済ダメージの二つのショックを経て責任を取らずに転嫁するという「中国の素顔」は、世界の人たちにとって衝撃として伝わるだろう。

3月12日には、フロリダ州で複数のアメリカ市民を原告として中国政府、中国衛生当局、湖北省政府、武漢市政府などに対して数十億ドル規模の訴訟が起こされた。新型コロナウイルスの危険性を知りながら、「経済的利益のために、感染情報を隠蔽し」、「多くの人々に身体的・心理的な傷を負わせ、多大な損失をもたらした」という理由だ。中国当局が訴訟の判決に応じない場合、米国内の中国当局の銀行口座を凍結する可能性が報じられている。

「戦略的互恵関係」のパートナーでありマネーの提供者であった中国に対する感情は、これまでのアメリカ市民からは考えられないものに変質しているということだ。**新型コロナウイルスとともに「嫌中国」の感情が世界中に感染しようとしている**ことは間違いない。

さらに24日には下院で、対応の誤りから新型コロナを感染拡大させた非難決議案が、上院では損害賠償を要求するよう法案が提出されている。いずれも対象は「中国政府」である。

また4月2日には、アメリカのブルームバーグが「中国、感染・死者数を意図的に過少報告

と米情報当局断定」というタイトルで、

〈中国がこれまで新型コロナウイルスの感染例、およびウイルス感染症による死者数をいずれも過少報告し、感染の広がりの実態を隠蔽していたと米情報当局が断定し、機密報告をホワイトハウスに提出した〉

と報じた。記事中では「３人の匿名の米当局者」が情報元であることが明かされているが、機密情報を外部に漏らせば重い罪に問われるはずだから、３人もの人間が情報提供を行うことは考えにくい。情報は意図的なリークと、私は考えているが、その目的はコロナ問題における中国政府への責任追及だ。同日には中国外務省報道局長、華春瑩《かしゅんえい》氏が、

「人民の生命の安全と健康を政治的に操ることは、極めて不道徳で人間性のないことだ」

「道徳的限界を超えた侮辱的なデマだ」

とコメントしたことがその根拠だ。与太記事なら放置すれば済む話なのだから、アメリカの深意を読み取った上での猛反発ということになる。

このように情報戦を使って官民一体で責任の所在を明らかにするということは、民事での訴訟ばかりか、国を挙げての中国非難や賠償請求が実現に向けて着実に進んでいることの表れだ。

アメリカで損害賠償が成立すれば、世界もそれに続くだろう。

私自身は感情に囚われることを嫌悪している。しかし、こうした人間の感情が時に大きなパワーとなって社会全体の構造を転換することは歴史の中で実証されている。

その実例こそ、世界恐慌から第二次世界大戦へと向かったプロセスだ。

イギリス、フランスなどは自国と植民地のブロック経済によって、同じく植民地を持っていたアメリカはブロック経済とニューディール政策によって世界恐慌を抜け出そうとした。ところが第一次世界大戦で莫大な賠償金を負い植民地を失ったドイツ、経済基盤が脆弱《ぜいじゃく》だった日本、イタリアなどはその苦しみから脱却するためにナショナリズムという感情を使って国威を発揚。「感情」という観点から見れば、三国同盟のナショナリズムに対抗するために、それ以外の国でもナショナリズムが高まり戦争へと突入した。

米国債の購入に際して、アメリカの安全保障と敵対した国家の保有分は、国際緊急経済権限法等により無効化できる条件がある。また中国の在米資産を差し押さえることもできる。「ナショナリズム」による国際戦略と憎悪が応酬する中で、41年に在米資産を凍結され、開戦へと突き進んだ国家こそ日本だ。

20年秋の大統領選において「好景気実現」という最強のカードを喪失したトランプ氏は、

中国への「賠償請求」というカードを持ったことになる。従わなければ「資産凍結」「米国債無効化」という宣戦布告へとステージは上がるだろう。

選挙の鍵になるのは「ナショナリズム」と「対中政策」であり、それが次の世界の方向性となることは疑いようがない。

脱グローバリズム

私は今回のコロナ・ショックを通じてナショナリズムが復活すると考えている。感染防止を目的にEU圏内で「国境」が復活したのが、その第一歩だ。

EUは1992年に調印され、93年11月1日に発効したマーストリヒト条約により設立された。

ヨーロッパには、多種多様な文化や民族が混在する。これが中国であれば、支配域にいる少数民族を弾圧し、暴力によって大多数の漢民族と合わせて「中国人」にすることができる。しかし、そんなことができないヨーロッパは、「イズム」（理念）という幻想によって「ヨーロッパ人」を成立させた。暴力に代わって成立を実現させた存在こそ、シェンゲン協定による、EU圏内での「ヒト・モノ・カネ」の移動の自由――すなわちグローバリズムという「イズム」だ。

第二次世界大戦以前は、イギリスのポンドが「基軸通貨」のような役割を担っていたことをシンボルとして、ヨーロッパは文化、科学、経済力などを含めて世界をリードする覇権地帯だった。親元を離れた子供の作った新大陸アメリカへの対抗心が、「ヨーロッパ人」成立への動機の一つだったことはいうまでもない。

こうしてヨーロッパは「キリスト教の白人共同体」となった。カソリックとプロテスタントの間で長く紛争が続いたアイルランドから検問所が取り払われたのは、宗派による分断をイズムがなしにしてしまった典型例だ。

ところが2020年、イギリスがEUを離脱する。

EU加盟で移民という安価な労働力を得たイギリスは、「シティ」を中心とした金融経済との両輪で好景気を謳歌した。だが08年のリーマン・ショックを究極とする相次ぐ金融危機から不況に陥り、移民に就業機会を奪われた国民が離脱を望んだ。一般的な解説では、このヒステリックな動機が、「ブレグジット」(英EU離脱)実現の原動力である。だが根底には、イギリスと欧州の「文化の差」があると私は考えている。大陸法(シビル・ロー)と英米法(コモン・ロー)の違いを考えると理解しやすい。

大陸法は成文化されていて裁判官は成文法のみ運用する。しかし英米法には成文化されていない法律（非成文法）もあるので、裁判官は成文法・非成文法の両方から自分で判断して運用する。大陸法はどこまでも成文にウエイトを置くのに対して、英米法では判例の積み重ねを重視する傾向が強い。

日本同様に大陸法の国では入学のハードルが高い一方で、一度入学すると卒業までは楽に過ごせる。英米法では入学は楽だが、卒業までには多くのハードルを越えなければならない。雇用機会に当てはめれば、大陸法の文化で育ったヨーロッパ人は「入り口」が楽なイギリスで就職しやすいことになる。逆に英米法の文化で育ったイギリスの人はヨーロッパで就職しにくい。

現在EUでは財政も含めたさらなる統合が模索されているが、イギリスにとってこのことは英米法を棄てて大陸法を受け入れることになる。それは自国の文化を棄てることと同じ意味だ。ポンドの発行さえ認めさせイギリスにとって有利でしかないのにもかかわらずブレグジットを選択した背景には、自国文化を棄てたくないというイギリス市民の感情が大きく寄与したということだ。

このようにブレグジットの根底には「ナショナリズム」があった。

新型コロナの感染は、シェンゲン協定によって作り出された「ヨーロッパ人」という幻想をいともたやすく砕いてしまった。ＥＵ圏内の経済は北高南低だ。これからやってくる感染拡大の終息とともに始まる世界恐慌レベルのダメージから復活する時、ドイツやフランスが自国の経済復興と同時に経済基盤の脆弱な南欧の復興を助けようとするかどうかは疑問だ。09年のギリシャ危機の際、ドイツが救済に難色を示したことでギリシャはＥＵ離脱を模索し、ＥＵ側は踏みとどまらせることに成功した。しかし、自国にも被害が及んだドイツは今回難色どころかノーを突きつけることは確実だ。ＥＵ離脱の前例を作ったイギリスは運良く救済の義務から解放されて、自国復興に集中することができる。

復興の際の「自国ファースト」は「グローバリズム」とは逆のナショナリズムの発現だ。コロナ・ショックを経て、イギリスに続く国が出てくる可能性は十分にある。

加速するサプライチェーンの構造転換

これまで多くの国は、チャイナマネーの恩恵を享受していた。胡錦濤《こきんとう》時代の約10年間（02～12年）で、アメリカの対中貿易額は5倍に拡大している。アメリカでチャイナマネーによる出資は、企業ばかりではなく、映画会社、大学、シンクタンク、学者、ジャーナリストと多岐にわたっていたことは、19年のペンス副大統領による「ペンス演説」で明らかにされた。

日本だけではなく欧米も、中国人によるインバウンドの利益を受け取った。観光という一時的な滞在だけではなく、多数の中国人留学生は大学などの教育、研究機関にとっては「お客さま」だ。少子化に苦しみながら独自経営を行わなければいけなくなった日本の国立大学の一部には、中国の大学とパイプを持ち留学生を呼び込む「呼び屋」の教授がいたほどだ。

だが、同じ中国でも習近平氏以前と以後とでは決定的に違うものがある。

それが「韜光養晦《とうこうようかい》」だ。

「韜光養晦」は鄧小平《とうしょうへい》が開始し、江沢民《こうたくみん》が定義したとされていて、「国際社会で目立つな」という外交姿勢だ。具体的には、「欧米と対立しない」、「国際システムに挑戦せず、外交政策をイデオロギーで決めないこと」、「自分たちに正義があっても、大多数の国と対立しないこと」などとなる。

先ほどの「三戦」と矛盾しているように見えるが、「韜光養晦」には「国家統一に関する中国の核心的利益について妥協しない」という国際協調とは相対する戦略も含まれている。対立相手に日本は含まれていないので、日本相手には「核心的利益」を追求していたということだ。

「清」に対して行われたように、西洋人が東洋人の台頭に対して暴力を働き、それを封じてきたのが歴史だ。鄧小平が「改革開放」による繁栄に対する西洋社会の反発感情への対策として後代に伝えたのだと私は評価している。中国は中国なりに、日本を除く国際社会でバランスを取りながら協調路線を歩んでいたということだ。

これを転換させた人物こそ、現在の国家主席、習近平氏だ。

13年6月7日、当時大統領だったオバマ氏との米中首脳会談において、

「太平洋には米中両国を受け入れる十分な空間がある」

という新二大国構想の構築を宣言したのは国家主席就任からわずか3ヵ月目のことだ。15年には2049年の建国100周年に世界一の技術・生産大国になるための計画「中国製造2050」を発表する。国家ヤミ金を使って第三国の要所を収奪する「一帯一路」も含めて、習近平政権下で開始された国家プロジェクトはどれも「韜光養晦」とは真逆の方向性だ。豊かさを分け与えられた中国市民は、こうした政策によってナショナリズムを刺激され、国家一丸となった実行力を生み出してきた。

そこにはアメリカから「覇権」を奪うという意志しかない。

トランプ政権による「米中貿易戦争」とは、この中国の覇権奪取の野望に突きつけた覇権国アメリカの痛烈な「ネガティブ」（否定）だ。その第一歩が「関税」という「国境」の再編だった。

皮肉にも中国発の新型コロナウイルスがそれを加速化させてしまったということになる。中国に発展をもたらしたイズムは「コミュニズム」（共産主義）ではなくグローバリズムだった。同じ品質の製品であれば、人件費、流通、関税など諸経費の安い場所で作ったほうが利益を得られる。それを叶えてくれたのが中国だったという構図だ。

だが、コロナ・ショックによって中国の生産は停止した。これは生産拠点を中国に置く全企業にとって「リスク」に他ならない。感染拡大は中国政府によるものだが、すでにアメリカに責任を押しつけはじめた中国政府が在中外国企業に何らかの金銭補償をするとは考えられない。

世界恐慌を生み出すほどのリスクを管理しなければ、株式市場からマネーを得ることはできなくなるのだ。すでにApple は米中貿易戦争の対応策として生産ネットワークの移転へと走りはじめていたが、**チャイナ・リスクへの対応ということでアメリカ以外の企業が生産ネットワークの中国外への移転を模索しはじめると私は見ている。**コロナ感染防止のために、世界中で争奪戦が起こっている「マスク」がそのもっともわかりやすい例だ。こうした供給不足を喫緊《きっきん》に解消するという目的と合わせれば、中国を中心としたグローバル・サプライチェーンの再編は加速化することは疑いようもなく、日本政府はすでにその支援を決定している。今後、中国に生産拠点を置く各メーカーは次々と脱出をするだろう。

中国への憎悪とナショナリズムという「心」と、供給構造としての「物」の両方で脱中国化へ向けて世界は変わる。それは巨大なマネーが動く瞬間だ。

移転先の候補地の一つがASEAN（東南アジア諸国連合）加盟国（ブルネイ、カンボジア、インドネシア、ラオス、マレーシア、ミャンマー、フィリピン、シンガポール、タイ、ベトナム）だ。**特に労働者の質と人件費のバランスが現在でも中国より良いベトナムはその最有力候補となっている。**ベトナム戦争でナパーム弾ばかりかダイオキシンまで撒かれたベトナムは、アジアの医療先端国だ。SRASを最初に封じ込めたのがその顕著な実例で、公衆衛生の概念も極めて高い。そうした「移転先」は世界のトップブランドが中国から生産ネットワークを移す「黄金郷」となるだろう。**投資家であれば、恐慌に怯え硬直するより、アフター・コロナ・ショックに向けた「投資」に向けて動きはじめなければならない**と私は考えている。

マネーはドルと暴力の関係で生まれる

そこで考えなければならないのが、アメリカの動きだ。コロナ・ショック直前までアメリカは好景気を謳歌していた。株式市場において、「トランプ相場」がどのように形成されていたのかを整理することが、「次」の予想モデルとなるだろう。

「仕手」について解説したように、相場はただ値段が上がればよいというものではなく、あるところで揉み合うと、より力強い上昇を生む。アメリカは中国との緊張を冷やし玉に、緩和を上昇の材料にして相場を形成してきた。19年8月からアメリカが中国に対して行った大きな出来事は以下だ。「緊張」が冷やし玉で、「緩和」が上昇操作としている。

・8月5日　人民元の1ドル＝7元台への下落を受け、アメリカ財務省が中国を「為替操作国」に認定する（①緊張→踊り場の創造）
・8月18日　トランプ氏がアメリカは「中国と非常にうまくやっており、話をしている！」とTweet（①緩和→上昇）
・9月5日　USTR（米通商代表部）代表、ライトハイザー氏らと中国副首相、劉鶴《りゅうかく》氏が電

話会談を行い「10月前半」の訪米に同意（①緩和→上昇）
・9月11日　トランプ氏が10月1日に予定された30％への関税引き上げを15日に先送りすることを表明（①緩和→上昇）
・9月20日　米中の次官級通商協議が終了、中国側の米農家視察中止で合意期待薄れる（②緊張→踊り場）
・10月11日　米中両国が閣僚級協議で、「第1段階」といえる部分的な枠組みで合意に達した（②緩和→上昇）
・11月27日　トランプ氏がデモの起きている香港の関連2法案に署名、中国側が反発する（③緊張→踊り場）
・12月13日　トランプ氏とライトハイザー氏が第1段階の貿易協定文書で妥結（③緩和→上昇）

ここに書かれていないが、アメリカ側はトランプ氏が「Twitterをフルに活用し「情報」を流し、利下げというマネーの流動性を高める金融政策によって市場に「実弾」（マネー）を供給し株価を操縦しているのだ。

かつて暴力団に所属していた私が行う「黒い仕手」は、暴力と現金によってマネーを生み

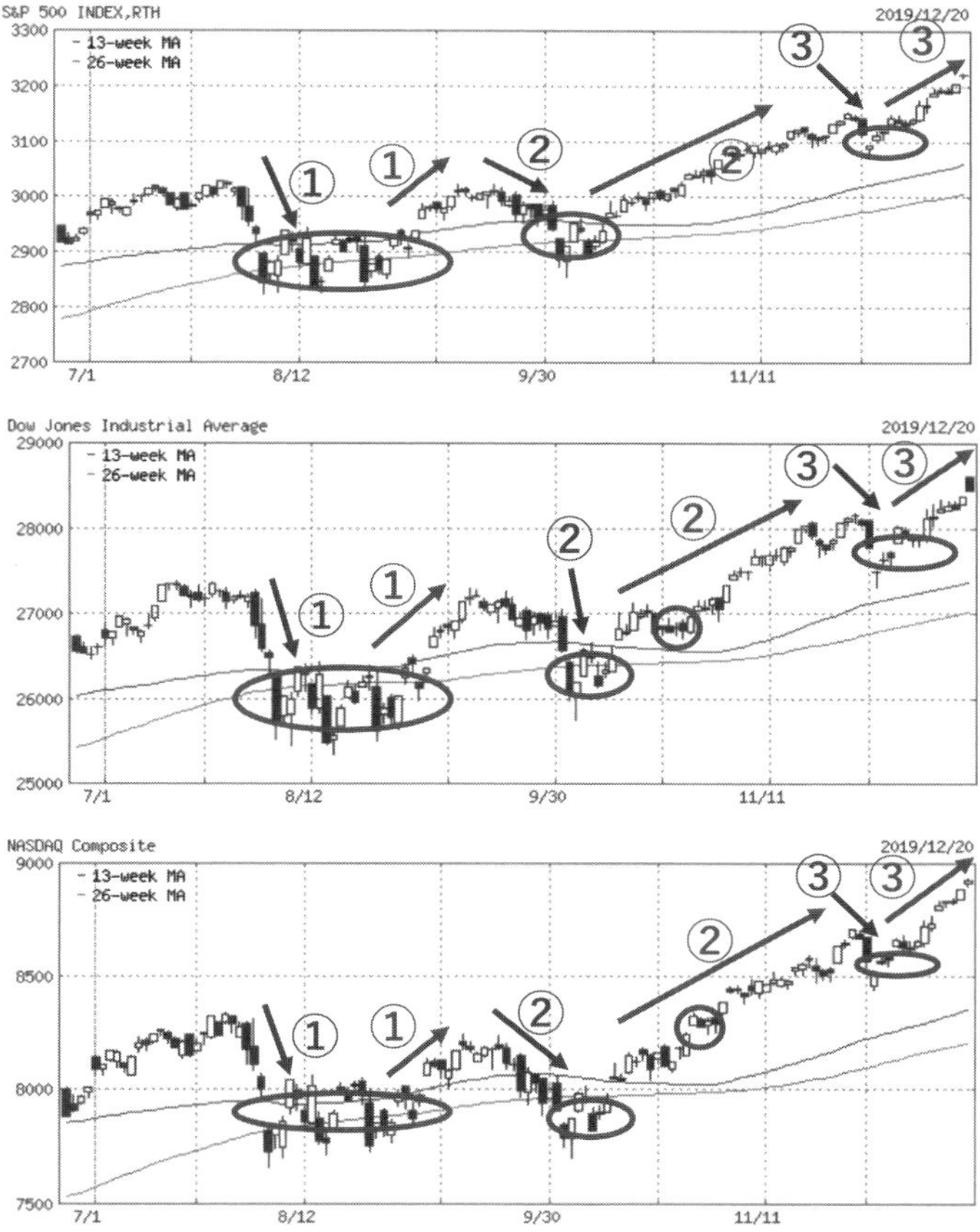

踊り場の形成（「Yahoo!ファイナンス」のチャートを加工）

出していた。それは、

M（マネー）＝¥（現金：円）V（violence）

という式によって表すことができる。

トランプ氏が行う「仕手」は、この国家版だ。米軍という最強の暴力とドルという基軸通貨によって中国を揺さぶり、緊張をコントロールし、金融政策で「ドル」を流通させることでアメリカという超大国の株を操縦し、「トランプ相場」を形成した。「仕手師」の立場から見た「美しい」としか表現のしようがないチャートは、

M＝$（ドル）V

という式によって生み出されているといえるだろう。この構図は、コロナ・ショックから脱出する過程でも不変だ。

最強の暴力を携え、穏やかに話す

2020年3月21日、アメリカ国家経済会議委員長、ラリー・クドロー氏はコロナ・ショックによる経済対策が総額で2兆ドル（約220兆円）になるとの見方を示した。これはアメリカのGDPの実に約10％もの金額だ。

ベトナム戦争のアメリカの戦費がGDP比で約15％、イラク戦争の戦費がGDP比で約10％とされている。1894年からの日清戦争で、日本の戦費はGDP比で20％だ。クドロー氏の発表した数字から考えれば、「戦争状態」ということになる。実際にトランプ氏は、「自分は戦時下の大統領」だと表現した。

ただし国家暴力が衝突する「戦争」は武器の生産によって内需を上げ、相手の領土や資源を奪うことで外需を増やす暴力による経済活動だ。コロナ・ショックで受けた「戦争」レベルの被害は内需にも外需にも及んでいるが、それを埋め合わせるファクターが見当たらない。喪失したマネーは何かで補塡《ほてん》しなければならない。**現在のアメリカが、どのように「暴力」をマネーに転換していくのか——それを知る好例が、20年1月3日のイラン革命防衛隊のゴドス部隊司令官、ガーセム・スレイマニ氏の暗殺だ。**Twitterで「＃ＷＷⅢ」（第三次世界大戦）というタグが世界のトレンド1位になるほどの国家間の「緊張」が、暗殺実行からわずか600時間で「デタント」（緩和）した背景には、濃厚な「マネーと暴力とドル」の関係がある。

暗殺直後に、革命防衛隊の最高司令官権限を持つ最高指導者のアリー・ハーメネイー氏が、3日間の服喪とともにアメリカへの報復を宣言。4日にトランプ氏が、

「イランが米国人や米国の資産を攻撃すれば、イランの52ヵ所を標的にする」と警告したのにもかかわらず、8日、イランはイラクにある米軍基地を弾道ミサイルで攻撃する。「WWⅢ」の緊張感が高まった中、同日にトランプ氏がホワイトハウスで演説を行い、攻撃によって米国人やイラク人の死者は出ていない、イランが「身を引いているようだ」と述べ、戦争回避の姿勢を示した。

第26代アメリカ大統領、セオドア・ルーズベルトは、「大きな棍棒《こんぼう》を携え、穏やかに話す」(speak softly and carry a big stick)をスローガンとする「棍棒外交」を行った。だがルーズベルト時代になくて現在あるのが、世界最強となった「米軍」だ。「対話」を中心としたオバマ時代の外交に対し、トランプ氏の外交政策は「暴力外交」と呼ぶほうが適《かな》っているといえるだろう。

「最強の暴力を携え、穏やかに話す」(speak softly and carry the strongest violence)のがトランプ流ということだ。意外に思うかも知れないが、**トランプ氏は「穏やかに話す」ことを望んで、暗殺という「暴力」を行使したのではないか**、と私は考えている。

トランプ政権以降の、米・イラン関係は「緊張」の方向へと進んでいた。18年5月にはアメリカが6ヵ国による「イラン核合意」を離脱、トランプ大統領がイランに対する「最高水準の経済制裁」を明言する。19年5月には当時大統領補佐官で国家安全保障担当だったジョン・ボルトン氏が、イランによる「いくつかの不穏なエスカレートの兆候」への「明確なメッセージ」として、空母打撃群と爆撃部隊という「強大な暴力」を中東に派遣する。直後には、イラン大統領が「核合意」の一部停止と、核開発の再開の可能性を発表。6月にはイラン革命防衛隊がタンカーを攻撃するなど、険悪から緊張へと関係は進んだ。

転機となったのは、19年9月10日のボルトン氏解任だ。リベラル系メディアでは、解任劇は「賢明」とされたが、これほどの「悪手」はないと私は考えている。それはボルトン氏解任直後からの混乱を見れば明らかだ。

9月14日には親米国家、サウジアラビアの石油施設に対してドローンによる破壊攻撃が行われた。攻撃したのは反サウジの武装組織「フーシ」だが、フーシに武器や資金を提供しているのはイランだ。すなわちこれはイランによるアメリカへの間接攻撃という構図になる。また12月7日には、北朝鮮が新たなロケット燃焼実験を実施し、13日には再実施をする。さらに2018年の米朝会談で「非核化」の合意文書に署名したはずの朝鮮労働党委員長、金《キム》正恩《ジョンウン》氏が、12月末の朝鮮労働党中央委員会総会で核開発や大陸間弾道ミサイル（ICBM）発射再開の可能性を示唆した。

このようにボルトン氏解任以降、アメリカの抑止力が著しく低下する。「反米」を標榜する国にとって、「暴力」は「トランプ」ではなく「ボルトン」だったということだ。「暴力外交」から「暴力」がなくなれば「やりたい放題」の状態になるという構図に世界は転落する危機だった。

この構図を打開する格好の「標的」として選ばれたのがスレイマニ氏だ。

「標的」として選ばれた理由

1979年の革命成立以前、イランは親米国家だった。政権転覆が成功したものの、親米政権下で運用された「正規軍」を新政権は信用できず、創設されたのが「革命防衛隊」だ。革命防衛隊はただの軍ではなく、金融機関や武器取引、資源エネルギー取引などにも深く関与している。イラン在住の知人は革命防衛隊を「セパ」と呼び、「市民にとってその巨大な権力は恐怖の対象だ」と伝えてくれた。

ニュース誌『フォーリン・ポリシー』(2019年冬号)では、03年から08年まで米JSOC(統合特殊作戦コマンド)の司令官を務め、09～10年にアフガニスタンの米軍およびNATO軍司令官を務めたスタンリー・マクリスタル氏が、ゴドス部隊を〈CIAとJSOCを組み合わせた組織〉と説明している。07年頃にもスレイマニ氏は国境を越えてイラクに侵入し、イラク内の反米組織に高性能爆弾の製作法や設置法を教えた。その爆弾は多数の在イラク米兵の命を奪うことになったという。マクリスタル氏は、そんなスレイマニ氏を〈イラン国外でのインテリジェンス、金融、政治の分野で、ゴドス部隊を主要なインフルエンサーに変えた〉と評価している。

19年12月27日には、ゴドス部隊が資金や武器を提供している武装組織「カターイブ・ヒズボッラー」が在イラク米軍基地に攻撃を行い、米軍関係者1人を殺害。12月31日には、スレイマニ氏が指揮するシーア派民兵「ＰＭＦ」がイラクの米国大使館を襲撃する。

ところが、1月3日、アメリカにとって「殺害」の動機が成立するスレイマニ氏自らイラクのバグダッド国際空港にやってきた。しかもヒズボッラーの最高指導者で、ＰＭＦの副司令官も同行しているのだ。

アメリカはこのチャンスを逃さなかった。

最強の暴力の保有者アメリカにとっての最大の敵は「国内の反戦感情」だ。米兵に人的犠牲を伴わない無人機で爆殺したのはこのためだ。03年、「大量破壊兵器」を理由にイラク戦争に踏み切ったジョージ・W・ブッシュ氏は、大量破壊兵器がなかったことから現在でも非難されている。「再選を控えたトランプ氏自ら暗殺を公表したのは、スレイマニ氏が、イラン公認のテロリストであることが確実だからだ。同時にアメリカの有権者が暗殺を「正義だ」と受け入れるという自信の表れだといえるだろう。

スレイマニ氏が「敵」にしていたのはアメリカだけではない。11年にサウジアラビアの駐米大使の暗殺未遂事件に関与。14年からは、「ＩＳＩＬ」（イラク・レバントのイスラム国）との戦闘を指揮した。中東のすべての国が、「中東の戦火の種」だったスレイマニ氏の暗殺を非難することは難しい。「暗殺」によってイランと歩調を合わせる国は限定的ということになる。

殺されたスレイマニ氏は最高指導者のハーメネイー氏の直属なのだから、イランのガバナンスから考えれば「報復」は実行されなければならない。だが、「中東の戦火の種」暗殺を理由にイランがアメリカと戦争をすれば、単独で行うほかない。イラクやアフガニスタンなど、協力者なしでアメリカと戦争をした国の末路は明らかだ。

イラン内にも経済制裁で疲弊している現状を惨状に変える未来を喜ばない「穏健派」の勢力がいる。「報復」が実行へと移行しなかったのは、「穏健派」が最高指導者よりパワーを持っているからだと考えるべきだろう。

アメリカがイラン国内を空爆してスレイマニ氏を殺害すれば、「自国を攻撃された」という怒りで「アメリカとの戦い」に国内世論を固めることもできたはずだ。民間人に被害が出れば、世論は熱狂へと移ったことだろう。そんなことは起きていないばかりか、革命防衛隊は民間機を撃墜して多数のイラン人犠牲者を出す痛ましい誤射事件を起こした。このことで反政府デモまで起こる状態では、とても「打倒アメリカ」で世論を固めることなどできないだろう。

対象がスレイマニ氏である限り、イランは暗殺を理由にして、アメリカと本気で戦争ができる状況ではないということだ。これらのことが臆測ではないことは、イランが核合意の一部不履行を明言しながら、ＩＡＥＡ（国際原子力機関）との関係を維持していることに表れている。アメリカとの直接対話は拒んでも、第三国を通じてメッセージを送れる余地を残していることこそ、そもそも戦争を望んでいない証左だ。

また、１月８日の在イラク米軍基地攻撃はさらに如実に分析の正しさを証明している。イランは「攻撃はイラクの米軍がいる場所に限定される。詳細な場所は明かさない」ことをイラク側に事前通知しているのだ。米兵に死者が出なかったのはこのためで、本気で報復をするのであれば、「通知」の必要がないことはいうまでもない。

トランプ氏の「身を引いている」という発言は、「アメリカはイランの意図に応えていた」というメッセージに他ならない。それはアメリカがイランとの対話を成立させたということでもある。アメリカは「最適な要人の暗殺」という「暴力」を行使したことで、イランと「穏やかに話す」時間帯を作ることができたということだ。

ヤクザの抗争では事務所や車に銃弾を撃ち込む「ガラス割り」のほうがはるかに多い。人を殺せば抗争が激化するばかりか逃走資金、裁判費用から残された家族の面倒も含めて莫大な資金がかかるからだ。**最小限の攻撃で和解のテーブルを作り出すのは暴力社会の常識だ。**第1章で示したように「マネーと暴力」の関係は2000年以上不変だ。国家によるマクロな暴力は、犯罪組織によるミクロな「暴力」と相似形なのだ。

この「イランとの対話」の構図を参考に、アメリカが「暴力」を軸にコロナ・ショックに対してどのような「見返り」を収奪するのかを分析してみたい。

第4章　血の経済活動

健全なナショナリズム

２０２０年４月14日にはＩＭＦの専務理事、クリスタリナ・ゲオルギエバ氏が、20年の世界経済のＧＤＰが３％のマイナスになるとの見通しを発表した。額に直せば２・７兆ドル（約２９０兆円）が失われるという。

この予測の精度を確かめる好例が４月３週目から始まった、アメリカの中央銀行にあたるＦＲＢによる「ジャンク債」の買い入れだ。

借金を返さないなど、契約義務を果たさないことを「債務不履行」と呼ぶ。「債務不履行」のリスクが高い会社が社債を起債して資金調達した場合、その「社債」は「ジャンク債」と格付けされる。

そのような危険な債券が市場で取り引きされるのは、ハイリスク・ハイリターンという投機性による。投機は「博打」「ギャンブル」という言葉に置き換えるとわかりやすいだろう。

ＦＲＢが購入したのはコロナ・ショックの影響で３月22日以降にジャンク債に転落した社債で、金融の世界で「堕天使」と名付けられている。一見正しい救済に見えるかも知れないが、ＦＲＢがジャンク債に手を出すのは08年のリーマン・ショック時にもなかった初めての策。今回、買い取るジャンク債の格付けはＢＢマイナスか、Ｂａ３相当以上だ。

格付けの説明は割愛するが、「ＢＢマイナスか、Ｂａ３相当以上」は「博打レベル」の社債だ。中央銀行が買い取るのは異常事態と評価できる。

米シティバンクは、２０２０年内で実に３０００億ドル（約32兆円！）もの社債が「堕天使」になるという試算を公表している。大出血を起こしているものの止血方法がわからないので、取りあえず大量の輸血をしてしのぐといったイメージだ。ＦＲＢ介入の影響で「ジャンク債」の相場は暴騰した。献血希望者が多く登場しても、大量の血が流れ続けている状態に過ぎない。だが無駄に見える大量の輸血を続けることでしか、金融経済の安定は取り戻すことができないのだ。

１９２９年からの世界恐慌では、32年までの３年間で世界のＧＤＰが推定15％減少している。単純計算で年平均５％ということだが、ＦＲＢのジャンク債購入という異常事態を考えれば、ＩＭＦの見通しは甘めだと私は評価している。

そして、この「29年の世界恐慌の歴史」を分析すると、感染終息後の「世界の行方」を示す重要な手がかりが見つかる。

コロナ・ショックは「移動制限」によって実体経済の「消費」などに直接的なジャイアン

トインパクトを与えた。一方で、世界恐慌はウォール街の株価暴落という金融のダメージから出発している。二つの恐慌発生の構造は違うものの、29年の対応は大いに参考になる。

当時のフーバー政権は財政均衡、すなわちマネーの出し惜しみをしたことで傷口を広げた。その結果、フーバー政権は倒れ、33年から大統領となったフランクリン・ルーズベルトが「ニューディール政策」を実行する。政府が主導して大規模な財政出動を行い、雇用を創出することで恐慌からの脱出を図ったのだ。

政府が道路やダムなど大型のインフラ整備に税金を投入し、雇用を創造し、経済を循環、成長させる政策は、経済学者のジョン・メイナード・ケインズが発案したことから「ケインズ経済学」的手法などと呼ばれる。そのキモとなるのは「失業率ゼロ社会の実現」だ。第二次世界大戦後の西側諸国が享受した「高度経済成長」は、この「ケインズ経済学」的手法によるところが大きい。ケインズ自身は、自身の政策が「社会主義的である」ということを否定していたが、その恩恵を最も受けた高度経済成長期の日本は「成功した社会主義国」とも評価されている。

だが、その先駆ともいえる「ニューディール政策」の成否は、その時点では明らかになっていない。世界が「戦争」という特需に向かって進んだからだ。

「大恐慌」は世界中の経済を停滞させ、各国は国家が主導して自国優先で復興を行い、その中で必然的に「ナショナリズム」が醸成された。30年代は世界がナショナリズムに輻輳《ふくそう》したが、具体的な「分断」となった転換点が37年のフランクリン・ルーズベルトによる「隔離演説」だ。

「不幸にも世界に無秩序という疫病が広がっているようである。身体を蝕《むしば》む疫病が広がりだした場合、共同体は、疫病の流行から共同体の健康を守るために病人を隔離することを認めている」

というものだが、この中で「疫病」とされたのが、民族差別を掲げたナチス党政権下のドイツ、対外侵略政策を掲げたファシスト党政権下のイタリア、そして中国への侵略を行った日本だ。ドイツは第一次世界大戦敗戦の莫大な賠償金の苦しみからの、イタリア、日本は脆弱な経済基盤からの脱出を目指して、強烈な「ナショナリズム」をエネルギー源とした結果だ。

第二次世界大戦の「敗戦」という強烈な痛みによって、日本人は「ナショナリズム」を蛇蝎のごとくに忌み嫌う。だが「ナショナリズム」が「国家」が持つ「業」であることから目を背けてはならない。たとえば思想や宗教、言論、結社の自由を奪うといった「不健全なナショナリズム」への転落の歴史を、「健全なナショナリズム」醸成の教訓とするべき時が「今」だ。その意味で「業」からの逃避は不健全なナショナリズムの土壌となる。

問題は「ナショナリズム」を健全に機能させられるかどうかという点なのだ。私のいう「健全」とは、新たな時代に適合した合理的な国富追求という意味でしかない。

「隔離演説」の4年後の1941年、日本は在米資産の凍結によって莫大なマネーを収奪され、ABCD包囲網によって「石油」など戦略物資の輸入を封鎖された。金と物を喪失して追い詰められた結果が、真珠湾攻撃という「国家特攻」だ。

現在では「暴力外交」のトランプ氏がアメリカの大統領であり、日独伊の比喩ではなく本当の「疫病」が発生している。前述したように「ヒト・モノ・カネ」の移動が自由なEU圏内で「国境」が復活しているのは、ただの感染防止を意味しない。「グローバリズム」が「ナショナリズム」に転換された表象だ。

その「疫病」流布の主犯である中国は、ウイグル人への弾圧という民族差別、一帯一路という対外侵略政策、南沙諸島の実効支配という侵略の三つの「疫病」を、たった一国で実行しているのだ。

こうして歴史と重ね合わせていけば、**コロナ・ショックが生み出した状況は、恐慌から第**

二次世界大戦勃発に向かうプロセスに酷似していることが確認できるだろう。

この酷似点をさらに濃厚にする要素が「石油」だ。

コロナ・ショック以前から原油価格は低水準が続いていた。このままでは産油国が疲弊するということで、３月６日、ＯＰＥＣとロシアなどＯＰＥＣ非加盟産油国が合同で「ＯＰＥＣプラス」を開催。減産強化によって原油価格調整で合意を得ようとした。しかし、ロシアとサウジアラビアの対立によって「ＯＰＥＣプラス」は決裂し、３月18日のＷＴＩでの１バレル20ドル台は約18年ぶりの安値となる。原油安はアメリカの生産物であるシェール・オイルの利益を圧縮し、コロナ・ショックによる株安をさらに押し下げる材料となっている。

その後ＯＰＥＣプラスは再び開催され、４月12日には世界の原油生産を約１割減産することで合意した。ロシアとサウジが「歴史的合意」を行ったことで成立したが、その仲介に動いたのはシェールによって巨大産油国となったアメリカのトランプ氏である。その動機は、覇権国の温情による友好といった生ぬるい感情ではない。コロナ・ショックと原油安という二つのショックが自国経済を疲弊させているという厳しい現実への対応だ。

しかし合意したものの、世界経済全体がコロナ感染によって「停止」している状態では、需要が伸びるはずもなく、原油価格は続落。４月20日には、世界の原油価格の指標であるＷ

TI原油先物が、なんと1バレル0ドルどころかマイナスを記録した。

戦争が原油価格を押し上げるもっとも簡単な手段であることはいうまでもない。

分岐点は「2020年秋」

これは生き残りをかけた戦いだ。

90年代初頭のバブル崩壊後に莫大な負債を抱えた私は、コールタールの海の中をもがくような日々を送っていた。同業者の中には「苦痛からの解放」の手段として、自らの命を絶った者もいた。

当たり前だが、死は何も生産しない。遺された者のためにできることはあっても、死んだ者のためにできることは何もない。

その時に経験した教訓が、生存の可能性は冷静で正しい現実認識からしか生まれないということだ。厳しい現実から目を背けることこそ、失速する世界から脱落する結果にしかならない。

コロナ感染と経済ショックの「暗い二重奏」は、やがて「暗黒の三重奏」になると私は考えている。「コロナ感染拡大」と「恐慌」のデュオに加わるのが、日本をメインプレイヤー

とした「米中戦争」のリスクだ。

そのきっかけになるのが秋に行われる予定のアメリカ大統領選となる。候補は、共和党が現大統領のトランプ氏、民主党がオバマ政権時の副大統領、ジョー・バイデン氏だ。

バイデン氏といえば、アメリカの国防費削減のための「戦略的忍耐」というガンジーも驚愕の方針を世界に強いたオバマ政権の番頭だ。世界最強の「アメリカの暴力」という支柱が弱体化したことで、中国の南シナ海進出による南沙諸島の実効支配など、アメリカの覇権を脅かす台頭を許した。極東アジアばかりか、シリアやＩＳＩＬなどにより中東も混乱した。

そうした多大なる「功績」を残したオバマ政権は中国を厚遇し、日本に対しては冷遇を貫く。さらにバイデン氏の息子が中国国有企業系の支援を受けたファンド運営会社の取締役を務めていたことも手伝って、バイデン氏を「冷日親中派」と評価する日本人は多いだろう。だが大統領を選ぶのはアメリカの有権者で、日本の評価はほとんど影響を与えない。日本国内ではさまざまな視点での予測が試みられているが、私の分析ポイントは人が持つ暴力的感情、「憎悪」である。

新型コロナの感染拡大による恐怖と移動制限によるストレスが向かう手っ取り早い矛先は、中国人の入国拒否によって感染拡大を未然に防げなかった政治だ。

トップであるトランプ氏もこの「憎悪」によって、支持率が乱高下している。

だが、この「内向きの憎悪」をはるかに上回るのが、感染源である中国政府への憎悪だ。WHO事務局長、テドロス・アダノム氏はTwitterで情報を発信しているが、そのTweetには、宗教や言語を問わず中国以外のありとあらゆる国の人々の罵倒がリプライされている。そうしたリプライのほぼすべてが中国の国家主席、習近平氏への憎悪とセットだ。

もちろん日本の偽医者同様に火消しを行う中国人もいるが、鎮火どころかさらなる怒りを呼ぶ結果となっている。

4月8日のワシントンポストでは、調査会社による最新のアメリカ市民へのアンケート結果が報じられた。実に77％がコロナの対応で中国を非難。54％が中国は賠償金を支払うべきだとしている。すでに「憎悪」は「賠償金請求」という民意となって形成されているということだ。

さらに71％のアメリカ企業が中国から製造業を米国内に戻す必要性を訴えている。

一般的に「憎悪」はまったく別なショック、あるいは時間が過去にすることで解消されるが、新型コロナを原因とする以上のインパクトが起こるとは考えられない。「暗い二重奏」は鳴り止まず、しばらく「過去」とはならないのだ。

すなわち民意が具体化した「要求の達成」こそが「憎悪」の向かう方向だということになる。この傾向は恐慌の影響が米国市民の実生活に及ぶにつれて、ますます強くなっていくことも疑いようがない。「憎悪」という観点から考えれば、秋の大統領選の軸になる争点の一つが「対中政策」ということが導き出せるだろう。

バイデン氏が「反中」に舵を切ったとしても、中国にアクションを起こせる資格があるのは現職の大統領だ。実際にトランプ氏の「中国」に向けたアクションは加速化している。

4月3日には、アメリカ大統領補佐官兼通商製造業政策局長、ピーター・ナヴァロ氏が医薬品など戦略物資の国内生産回帰を目指す意向を表明した。ナヴァロ氏は『Crouching Tiger』（邦題『米中もし戦わば――戦争の地政学』文藝春秋）の著者であり、トランプ政権樹立の立て役者の一人だ。トランプ政権における対中政策の懐刀ということになる。

大統領選の結末は

これらを合わせながら大統領選を予測してみたい。考えなければならないのは、いつ「トランプ」が選ばれたのかという点だ。それは、2013年6月7日だと私は考えている。

この日、第7代国家主席に就任してからわずか3ヵ月目の習近平氏は、オバマ氏とカリフ

ォルニア州で会談。その席で、

「太平洋には米中両国を受け入れる十分な空間がある」

という新二大国構想の構築を宣言した。

アメリカの経済活動を支える大きな柱の一つが「貿易」だ。海に囲まれた日本では、その重要性を軽視する人が多いかも知れないが、海はもっとも安価で、もっとも高速に物流を運ぶ究極の流通路だ。

航空便と船便の送料と速度を考えると、この点を疑問に思う人もいるだろう。だが、米軍の主力輸送機C－17の最大搭載量はたった約77トン。1回で輸送できるのは、主力戦車M1A1エイブラムス（約60トン）ならたった1両、歩兵を乗せて戦闘できる車両M2ブラッドレーでもたった3両、兵士にしても189名しか空輸することはできない。対して米海軍の一般的な車両輸送艦、ボブ・ホープ級やワトソン級は、エイブラムス等の車両を1000両以上運ぶことができる。

マクロで考えた時の海の恩恵は、空や陸とは比較にならない。大航海時代以降の歴史で海を持たない国が世界の覇権を握ったことがないのは、その象徴といえるだろう。ドイツのヒトラーは海を求めてフランスに侵攻し、旧ソ連は不凍港を求めて支配域を広げていったという解釈は決して間違いではない。

安定した海運貿易のために必要なのが、海洋の安全保障ということになる。だからこそアメリカはシンガポールやグアム、沖縄をはじめ、世界の海運の重要拠点に強大な軍事基地を置き、自国や同盟国の貿易を保護し続けているのだ。

その米中首脳会談から2年後の15年に、アメリカ国内では今日の対中政策を予見させるような論文が相次いで発表される。90年代後半から親中派としてCIAで中国の軍事研究をしていたマイケル・ピルズベリー氏が親中派と袂《たもと》を分かち自らの経験を元に書いた『The Hundred-Year Marathon』（邦題『China 2049』日経BP）と、ナヴァロ氏の『Crouching Tiger』だ。

アメリカは13年の習近平氏の宣言から2年で次世代の国際戦略ビジョンを作り上げたということだ。すなわち16年のトランプ氏当選は、13年からの3年間で練りに練った国家戦略の結果ということになる。もちろん13年当時にトランプ氏は、まだ大統領候補として不在に近い扱いだった。しかし、国家戦略という大局から考えれば、選ばれる者が「トランプ的なるもの」というのは既定路線だったということが確認できただろう。

トランプ氏が何者かに暗殺されても、「トランプ的なるもの」が現れるということだ。現に、副大統領のマイク・ペンス氏はトランプ氏以上に「トランプ的」だ。バイデン氏の当落も、「トランプ的なるもの」になれるかどうかにかかっている。

また「トランプ的なるもの」にならずにバイデン氏が当選したとすれば、それは「アメリカ覇権体制」の終焉を意味する。貪欲なアメリカという国家が自ら覇権の放棄を選ぶことは考えにくい。

日米ブロック経済の構築

さてここに奇妙な符合がある。4月7日に日本の安倍政権が閣議決定した「『新型コロナウイルス感染症緊急経済対策』について」の、別紙30ページ「Ⅳ．強靭《きょうじん》な経済構造の構築」の「1．サプライチェーン改革」の中で、

「我が国に供給する製品・部素材で、一国依存度が高いものについて、ASEAN諸国等への生産設備の多元化を支援する」

と明言されている点だ。

「一国」が「中国」を指していることは自明の理だ。この項目では、かなり広範囲の業態にわたって「中国からの脱出」を国が積極的に支援することが繰り返し訴えられている。しか

も その理由は感染によって供給が滞らないための「経済安全保障」だ。

ほぼすべての業態を国家事業として中国から外へ移転させるという意思の表れと見るべきだろう。

４月３日のナヴァロ氏による「戦略物資生産の米国内回帰」発言との連動から考えれば、**アメリカは日本と「ブロック経済」を形成する強い意思を持っていて、日本がそれに応じた**としか私には思えない。

日本の閣議決定では移転先をブルネイ、カンボジア、インドネシア、ラオス、マレーシア、ミャンマー、フィリピン、シンガポール、タイ、ベトナムからなる「ＡＳＥＡＮ諸国」と具体化している。総理の安倍氏は２０１２年にハワイ、日本、オーストラリア、インドを結ぶ「セキュリティダイヤモンド構想」と名付けた経済・安全保障政策についての論文を発表した過去がある。日本とインドの中間に位置するＡＳＥＡＮ各国は、これまで習近平氏の「一帯一路」との綱引きの地域となっていた。

アメリカの対中戦略の尖兵が日本になったということが導き出せるだろう。各国が米中どちらのブロックを選ぶのかは「尖兵」である日本の役割ということだ。同時に１９２９年世界恐慌からのプロセスが、プレイヤーを変えて繰り返されようとしていることが浮かび上がってくるだろう。

国家予算クラスの賠償請求

トランプ政権の姿勢と、世界恐慌の歴史の検証から導き出される次のアクションを考察したい。

4月14日には、トランプ氏がWHOを「中国寄り」と名指ししながらコロナ感染において「基本的な義務を果たさなかった」として、アメリカからのWHOへの資金拠出を一時停止するよう指示したことを表明。また、15日には、新型コロナウイルスが中国の武漢にある「中国科学院武漢ウイルス研究所」から広まった可能性について、「われわれは徹底的な調査を行っている」と発言した。生物研究の実験施設には扱う対象に応じて「バイオセーフティーレベル」(BSL)が設けられている。武漢の研究所は最高レベルの「BSL-4」で、完全隔離環境の中で実験が行えるようになっているのだ。それだけ危険な実験を行えるということでもある。18日にもトランプ氏は、

「我々は初期に（問題の研究所を）見せてほしいといったが、中国政府は拒否した。何か問題が起きていることがわかっていて、見せたくなかったのだろう」

と新型コロナの発生源が研究所だったという見解を示した。

責任の所在を明確にする先にあるのは、中国への国家損害賠償請求だ。トランプ氏の外交ディールには「イエス」か「はい」の二択しか用意されていない。断ればより強硬な制裁を科すことは米中貿易戦争でも繰り返されている。

実体経済と金融経済のショックが津波状に押し寄せることは必至で、その両方に予算が投入されることになる。最終的なアメリカの損失がどれほどのものになるかは想像もつかない。いずれにせよ、損失が国家予算クラスの莫大な金額になることは確実で、請求額も一つの国が揺らぐほどの額になるだろう。

その請求に中国が応える可能性は極めて低い。

その根拠は、1957年11月に、ソ連で開かれた東側各国の首脳会談にある。

冷戦構造の中で東西は「核兵器」の軍拡を争っていた。有事となれば人類そのものが滅亡するリスクに、当時のソ連トップのフルシチョフは西側との「平和的共存論」に傾いていく。これに猛反発したのが会談に出席していた毛沢東で、こう演説し、居並ぶ東側のトップを凍りつかせた。

「核戦争になっても別に構わない。世界に27億人がいる。半分が死んでも後の半分が残る。中国の人口は6億だが半分が消えてもなお3億がいる」

このことからわかるのは、中国では建国以来「人の命」の価値が、東側を含めた世界中の国に比べて極端に安いということだ。むしろ「無」に等しいといえるだろう。改革開放政策を実行し、西側との協調を目指した「ソフト路線」の鄧小平でさえ市民に軍の実暴力を行使した「天安門事件」で大量虐殺を行っている。

習近平氏は、その鄧小平氏の路線を転換させた人物だ。新型コロナは4月18日時点で、実に230万人の感染者と16万人弱の死者を出した。習近平氏にしてみれば70億人のうちの0・0002%の死は誤差程度の認識だとしか、私には思えない。

発生源であるにもかかわらず平然と感染被害国に医療団やチャイナマネーを送りつけ政治的影響力を強めることに腐心していること、自国で寡占的に生産して、世界中で供給が不足している「マスク」を外交手段とするような非道を平然と行えることなど、習近平氏が憧憬する毛沢東的な生命の価値観を示す行動は枚挙にいとまがない。

大きな力で自分たちの国力より弱い国のトップを跪《ひざまず》かせても、「人の憎悪」まで踏みにじることはできない。「好景気」という選挙カードを喪失したトランプ氏にとって、「ナショナリズム」と、中国との「緊張」は再選を確実にして歴史に名を残す最良のカードとなる。

5月14日には、トランプ氏がFOXビジネス・ネットワークのインタビューで、中国のコロナ対応について、

「中国には失望した」

と述べ、習近平氏について、

「今は彼と話したくない」

と切り捨てた。さらに、

「(中国との)関係を断絶すれば5000億ドルを節約できる」

とも明言している。同日には、米上院で「ウイグル人権法案」が可決。同法はウイグル人を弾圧した中国当局者の資産凍結などの制裁を含んだ内容だ。

今後もアメリカでは続々と対中制裁が加速化することは疑いようがない。

中国が抵抗すればするほど、トランプ氏による「隔離演説2020」の可能性は高くなるということだ。

高まる戦争リスク

アメリカにとって一番手っ取り早い方法は、私が資産を預けていた銀行ごと没収したように、在米中国資産も含めたドル資産の凍結だ。

12年にはニューヨーク・タイムズが首相の温家宝《おんかほう》氏の一族が27億ドル（約2200億円）を超える資産を保有していることを報じている。また、14年にはイギリスのガーディアンによって、中国共産党幹部が中国外のオフショアに、合わせて1兆〜4兆ドル（約100兆〜400兆円）もの蓄財をしていることが報じられた。記事中で名指されたのは、習近平氏、温家宝氏、元首相の李鵬《りほう》氏、元国家主席の胡錦濤氏、鄧小平、中国人民解放軍創設者の一人である葉剣英《ようけんえい》氏、戴相竜《たいそうりゅう》・元中国人民銀行総裁、「八大元老」の一人である王震《おうしん》氏など、共産党の「中枢」ともいえる計13人だ。保有資産がドルである以上、どこの国に逃避させてもアメリカの監視からは逃れられない。

前述したIMFの予測では、今年1年で世界経済は約290兆円の損失となるので、平年分だけの補塡としては魅力的なボリウムと評価できる。また、対象が個人であることから中国そのものの国力を減らさずに済む。バブル崩壊後の疲弊した日本にアメリカのハゲタカが舞い降りたように、そのまま「中国」そのものを食い荒らす余地を残すことができる。

米中比較が行われると、「経済力」や「成長力」で中国がアメリカを超えるという評価がなされることがあるが、私はいつも懐疑的に受け取っている。根本的なことだが、マネーという土俵の上では、基軸通貨「ドル」を発行しているアメリカに勝つことはできないからだ。

２０２０年１月段階で中国が保有している米国債の総額は１兆７８６億ドル（約１１６兆円）で、これが中国の「元」の価値を支えている。米中貿易戦争では中国が米国債の売却をカードとして使おうとしたが、何の圧力にもならなかった。アメリカはこれを「無効」にできるからだ。ウルトラＣは中国が現在の「元」をすべて捨て、ドルに裏付けされない新たな通貨を作ってしまうことだ。

ただしこの場合、石油、穀物など戦略物資の取引はかなり限定的になる。中国が戦略物資を独自に生産、輸入できる仕組みを持った経済圏を作り上げる他ないが、それには時間がない。

１９２９年の歴史では、経済制裁を入り口として、出口となったのが「戦争」だ。**戦争の正体は国家同士の憎悪がぶつかりあうということではなく、国家暴力を使った経済活動だ。**

国内に産業を戻し、独自技術を伸ばす効果があるばかりか、他国の生産物、産業、技術、経済を収奪できる効果もある。「戦争は悲惨だ」と口にする人は多いが、戦争そのものが悲惨なのではない。たかがゼニカネのために人の命が消費されることこそが、悲惨なのだ。

戦地の第一候補は「日本」

ただし29年の世界恐慌の出口となった第二次世界大戦の末期まで存在せず、現在存在しているのが「核兵器」だ。核保有国同士が戦争を起こせば自滅しかねないほどの強力な暴力の存在は、大国間の直接戦争勃発の抑止力となっている。朝鮮戦争、ベトナム戦争と冷戦構造下での米ソ対立が、第三国で行われたのはこのためだ。

そこで「第三国」となる戦地を消去法で絞り込んでいこう。

戦場となるのは「陸」か「海」ということになる。中国としては当然「陸」のほうが好ましい。いくら機械化していても陸戦には大量の「人」が必要となる。アメリカにとっての最大の敵は「厭戦《えんせん》」の世論で、命の値段が格安の中国と勝負をすれば、ベトナムと同じ結末になる可能性が高い。

中国が領土問題を抱えているカシミール地方は、すでにインドとパキスタンとの緊張が高いレベルで続いている。鎮圧を理由にここに侵攻すればインドとの戦争になるが、問題はマレーシアの西側にあるマラッカ海峡だ。中国は現在、世界第２位の石油消費国であり、世界第1位の石油輸入国だ。そしてその輸入の実に８割以上が、マラッカ海峡を通過している。マラッカ海峡の脆弱性は「マラッカ・ジレンマ」と呼ばれ、中国の悩みの種となっている。

マラッカ海峡より西側で戦争を起こした場合、中国の相手になる国が派兵を目的に海峡を封鎖すれば、中国は石油を手に入れることができなくなる。この要所の安全保障を担っているのはアメリカだ。アメリカはシンガポールのチャンギ海軍基地に、最新鋭の沿岸警備戦闘艦を配備。さらにシンガポールの特殊部隊を、ビンラディン暗殺作戦などを成功させたアメリカ海軍の特殊部隊、ネイビー・シールズが指導も含めて支援している。

中国にとってマラッカ海峡より東側には占領にふさわしい土地がない。そこで「海」ということになるのだが、南シナ海はすでに実効支配済みということでメリットがない。

現在中国はＡ２／ＡＤ（Anti Access/Area Denial）という戦略をとっている。その内容は直訳の通り「接近阻止／領域拒否」で、南シナ海の高範囲を射程に収める地対艦ミサイルを沿岸部に大量に配備している。米海軍は空母群を中心に展開するが、中心になる空母は建造費だけで1隻約５６００億円。空母に搭載される戦闘機、Ｆ／Ａ-18Ｅ／Ｆが1機約90億円で70

機搭載できるから、6300億円。この他にヘリ、人員、整備費、搭載武器などを合わせれば、空母は浮かぶ金塊だ。

対して、中国の対艦ミサイルは1基約1億円。中国の軍事技術の中心は空母建造ではなく、より高性能の「対艦ミサイル」開発に向かって進んでいる。「走る金塊」が「1億円」のミサイルで沈んだ時のコストパフォーマンスの悪さは計り知れない。中国の安全保障面における対米戦略は、高価格なものを、低価格な武器で打ち破るという「非対称性」を武器にしている。

アメリカも「航行の自由作戦」でこの海域の影響力を弱めないようにしているのだが、ミサイルの射程内には入らないようにしている。また中国がいくらこの海域を支配しても南側にしか支配域を拡大できないということで、太平洋を支配域にしているアメリカにはメリットがない。両国の国益の問題から、この海域は戦場から除外されるということになる。

こうして消去法で考えていけば、もっともリスクが高いのは台湾から尖閣までの東シナ海ということになる。この海域を支配してしまえば、中国はアメリカをハワイまで押し戻し地球の半分を手に入れることができる。そのために台湾は喉から手が出るほど欲しい地域となっている。さらに日本には憲法9条があり、ロックオンという攻撃行動を起こしてさえ反撃をしないことが実証されているのだ。

しかも多くのアメリカの有権者にとって「領海」という概念は理解しがたい。台湾を「人の多く住む陸」と認識できても、尖閣諸島は「ただの岩」という認識だ。「ただの岩」のために米兵が戦死すれば、陸でなくても厭戦の世論の形成は十分可能となる。しかし中国にとっては、尖閣諸島を占有すれば、東シナ海の広範囲を射程に入れるミサイルを配備できる。台湾攻略の橋頭堡としてうってつけの土地ということになる。

カウントダウンは始まっている

コロナ・ショックで見逃されているが、パンデミック以降、この東シナ海を巡って緊張が高まっていることが報じられている。

2月10日には、中国軍機が台湾との「中間線」を越えて台湾側に侵入。そのしばらく後にはグアム沖で、沖縄から飛び立ったアメリカの哨戒機に中国の駆逐艦がレーザーを照射した。3月に入っても台湾周辺の海と空で中国は軍事行動を続けている。

日本においては1月から3月の間に、中国機に対するスクランブル（緊急発進）が152回。3月には30日の間に101隻の中国公船が、尖閣諸島周辺の接続水域に入ってきている。

世界に医療を寄付する一方で、コロナ感染の対応に追われることに乗じる形での軍事行動は、命の安い国ならではというところだ。

だが、中国の暴力が行使された瞬間、アメリカは象徴であるハクトウワシのごとくに、新型コロナで失った利益を収奪するだろう。トランプ政権が最小限の殺人で最大限の利益を得ることを得意としているのは、イランの一件で実証済みだ。それは習近平体制の「終わり」どころか、中国共産党の終焉を意味する。

後述するが、その時、日本は厳しい選択を実行しなければならない。

コロナ・ショックの報復を回避し、共産党滅亡へのリスクを回避する鍵は、他ならぬ中国が握っている。 覇権への野望に満ちた習近平氏をトップの座から降ろし、鄧小平から続いた「韜光養晦」へと外交政策を転換することだ。その上で支払えるだけの賠償金を被害国に支払い、「眠れる獅子」というより「起きない獅子」となれば、国自体は存続するだろう。湾岸戦争のサダム・フセインがそうだったように、最低でも一度は中国共産党を残してくれるかも知れない。

いずれにせよ「M=$V」の構図は揺るがない。

世界恐慌規模のショックを収束させるためには、これまでのような民間企業を中心とした自由経済ではなく、政府が主体となった規制経済の方向へとシフトしていくことはすでに述べた。国家を単位とした、金融制度や社会制度、経済政策のもとに営まれる経済活動、すなわち「国民経済」が復活するということだ。

実は「国民経済」は、自由経済の最先端といわれるアメリカが得意としている。次章ではＧＡＦＡを例にして、「アフター・コロナ」の企業と国家の関係を解説しよう。

第5章　国民経済が生んだＧＡＦＡ

国家暴力が成長を生む

2020年3月20日、アメリカ大統領のトランプ氏は「国防生産法」の発動を正式に発表する。「国防生産法」は1950年に朝鮮戦争に対応して生まれた法案で、物資の調達や増産、賃金、物価統制にいたるまで幅広い権限を大統領が持つものだ。

3月27日には大手自動車会社GM（ゼネラル・モーターズ）に、新型コロナの患者の治療に必要な人工呼吸器を生産するよう命令。料金や納期を巡ってトランプ氏とGM側の間で揉めたものの、移動制限によって困窮している自動車メーカーにとっては救済となる。4月21日には、「国防生産法」によってウイルス検査に使われる滅菌綿棒の生産能力を、現在の月約3000万本から2000万本以上に引き上げることを目標とする計画が報じられた。

これまでのように市場に任せた自由競争では、中国を中心とした第三国で生産が行われることになるが、いずれの命令も対象は国内企業による国内生産だ。こうした政府による需給創造によって、国民経済の指標であるGDPが引き上げられる。しばらく続く恐慌から脱出する際の世界の経済構造となっていくだろう。

アメリカは自由経済の王国という印象を持つ人は多いが、正確には「強力な規制」や「圧

力」などの国家暴力による刺激によって、「自由」を「国益」の方向にコントロールしているる印象だ。「国防生産法」はこれまでに50回以上発動されたこともあることも、その証左の一つといえるだろう。

世界の「情報覇権」を握っていることで、ヨハネの黙示録になぞらえて「四騎士」とも呼ばれるＩＴ業界の巨人「ＧＡＦＡ」(Google, Apple, Facebook, Amazon)も、「規制」によってコントロールされた「自由」の中で誕生している。

ＧＡＦＡの規模を示すわかりやすい基準が、４社の株式時価総額だ。20年2月には前四半期（19年10～12月期）の決算が出そろったが、明らかになった時価総額は計約４３０兆円（３・９兆ドル）。日本の国家予算が年間で約３００兆円。東証1部上場企業全体の時価総額が約６２９兆円なのだから、この約7割にあたる額をたった四つの企業が有していることになる。

コロナ以前のアメリカの好景気の原動力は力強い消費だが、コロナ・ショックが米株式市場を襲うまでＧＡＦＡには世界中の投資マネーが集まっていて、株式相場を牽引していたという構図だ。だが「四騎士」は永遠に鉄壁ではない。特に、企業としてのFacebookは追い詰められつつあったと私は考えている。

２０１８年を境にＧＡＦＡの明暗が分かれようとしていることはあまり知られていない

が、順を追って解説したい。

Facebookは、ただのSNSサービスを提供する企業ではない。SNSを通じて個人情報を集める情報産業だ。

フランスに行き、魚料理の写真を掲載すれば、Facebookがそれを元に旅行会社や、フレンチ料理店、あるいは料理の作り方のサイト、本、さらには料理を作るための調理器具などの広告をユーザーに向けて掲載する。さらには、利用を通じて、個人の年齢、性別、職業はもちろんのこと、購買傾向や、移動に至るまでのデータをFacebookは手に入れ、この情報を広告に利用したり、マーケティング会社などに提供したりして巨大な収益を上げてきた。

たかが情報と軽視することができないのは、Facebookが行っていることは、人間の心理を操作していることだからだ。現在は「購買欲」のみを刺激しているが、これが別な使われ方をしたら……実際に、それが応用されたのがトランプ氏が大統領の座を勝ち取った16年大統領選挙だ。

18年、トランプ陣営の選挙戦(16年)を支援したイギリスのデータ分析企業、ケンブリッジ・アナリティカにFacebookの持つ最大8700万人分の個人情報が流出し、不正に利用されていたことが明らかになった。選挙戦で有権者に訴求効果を高めることを目的に創業された企業で、共和党へ大口献金をする支持者が出資している。

こうして個人の志向にあった選挙・政治広告が有権者個人に発信されることとなった結果は、ご存じの通りだ。大きなスキャンダルとなり、19年7月に米連邦取引委員会が承認した本件のFacebookとの和解案は、約5400億円（50億ドル）の罰金となっている。

実は現在GAFAには、この「個人情報」など三つの問題が世界から突きつけられている。これがGAFAの明暗の分岐点だと私は考えている。

三つの包囲網

GAFAの共通点は、自身のサイト利用者を対象に広告や販売などのビジネスを展開したり情報を発信したりする際の、サービスやシステムの基盤を提供する事業者、すなわちプラットフォーマーであることだ。

GoogleとFacebookはイメージしやすいと思うが、AppleはiPhoneの「iOS」というプラットフォームを提供している。また、Amazonの収益の大部分は物流ではなく、サーバー事業「AWS」（Amazon Web Services）ということで、やはりプラットフォーマーということになる。

このことを前提に、「**個人情報**」から整理しよう。

最初に「個人情報」の問題に取り組んだのがEUで、18年5月25日には合法的に集めた個人情報でもEU圏外に持ち出すことを禁じるGDPR（General Data Protection Regulation ＝EU一般データ保護規則）がEU圏内のすべての国に導入された。違反した場合、全世界の売上高の4％か、2000万ユーロ（約24億円）の制裁金がかかる。

欧州委員会は「個人情報」の例として、姓名、住所、電子メールアドレス、身分証明書番号、位置データ、IPアドレス、病院情報などを挙げている。GDPRでは「個人情報」を「特定または特定可能なヒトに関する情報」と定義しているので、その適用範囲は広大だ。

GDPRでGAFAは名指しされていないものの、EU圏で「個人情報」を利益の中心にした企業は収益構造の変更を余儀なくされたことは容易にわかるだろう。

19年8月には、日本の公正取引委員会が「プラットフォーマー」による個人情報収集について、独占禁止法違反になるケースをまとめたガイドライン案を正式に公表している。近い将来、日本版GDPRが法制化される可能性は高いと私は考えている。

個人情報に対する規制は世界のトレンドになるということだ。

第二の問題は、ＧＡＦＡが所在国に税金を納めないという問題だ。これに対して19年にはフランスが、20年４月にはイギリスが、「デジタル税」を導入した。

本来であれば法人税を適用すれば済むのだが、グローバル系ＩＴ企業は所在地をオフショアにするなど合法的な方法で納税を逃れている。そこで、イギリスでは、英国内での売り上げの２％に課税する。

この「デジタル税」の仕組みは、世界中の国に広がりつつある。Amazonの日本法人は、18年12月期に約１５０億円の法人税を納めている。４年前の10倍超の納税額だが、「デジタル税より法人税のほうが得だから」という理由が背景にあるとしか私には思えない。

第三の問題が、「公平な競争」だ。

Googleで商品検索をすると、Googleショッピングの商品が優先的に表示されるようになっていたが、影響力の強いGoogleが自身のＥコマースを上位にすれば、他の業者との公平な競争を阻害する。そこで欧州委員会が15年にＥＵ競争法に違反しているとして警告。17年には24・２億ユーロ（約３０００億円）、18年には43・４億ユーロ（約５７００億円）の制裁金がGoogleに科せられた。

名指しされてはいないものの「個人情報」「税金」「公平な競争」の３点で、ＧＡＦＡを規制しようという動きがヨーロッパから始まっているということになる。

この規制についてEUがGAFAを狙い撃ちにして、情報分野でのアメリカ脱却を目指しているという側面はもちろんある。だが、本拠地であるアメリカでもGAFAは「公正な競争」で問題になっているのだ。米民主党の次期大統領候補の一人にもなっていた反GAFAの急先鋒、エリザベス・ウォーレン氏は、

・米Amazonが自身のマーケットプレイスに出品された商品をコピーしてオリジナル商品として販売することで、中小企業が傷つけられていること
・Facebookが潜在的な競合他社を買収して競争を起こらなくしたこと
・Googleが競合する小さな検索エンジンを削除して、グルメ評価なども自身の評価を優先的に表示していること

などを指摘。これらの影響で、多くの分野のイノベーションが阻害されていると主張した。これは野党の攻撃に留まらない。実際に19年7月にはアメリカ司法省が米IT企業に対して、反トラスト法（日本の独占禁止法に相当）違反の可能性を視野に調査を始めると発表した

が、その対象はもちろんＧＡＦＡだ。

ウォーレン案では、年間世界収益が２５０億ドル以上のプラットフォームを一般に提供している企業は、所有するプラットフォームと、そのプラットフォームの参加者の両方を所有することを禁じている。

もちろんこれは、ＧＡＦＡの分割、解体を意味している。まさか自分の国の象徴を分割、解体するなど……と思う人は多いだろうが、実際にアメリカは84年に、当時、情報通信の巨人だったＡＴ＆Ｔを分割している。

ＡＴ＆Ｔは電話を発明したグラハム・ベルの「ベル電話会社」を前身として創業。情報通信技術は戦争も含めた国家的経済活動の戦略技術ということで、二つの世界大戦を通じて国家が保護した国策企業だ。しかし、第二次世界大戦終戦後の１９４９年に司法省が独占禁止法でＡＴ＆Ｔを提訴。約30年の攻防を経てＡＴ＆Ｔは分割、解体された。

戦争が終わったことで、自由競争による技術発展の方向をアメリカが選んだことが大きな理由だ。

あのマイクロソフトも危機に直面したことがある。ウィンドウズで世界のコンピューターのＯＳを寡占したが、同社の Internet Explorer のアイコンをデスクトップに置き、他社のブラウザを使う機会を奪ったとして、98年に司法省から独占禁止法で訴訟を起こされた。分割こそ免れたものの、マイクロソフトは収益構造を変更せざるをえなくなる。

皮肉にも、マイクロソフトへの訴訟が、GAFAが生まれるきっかけとなった。健全な競争が新たな企業と技術を生んだが、これはアメリカにとって国益だ。逆にいえば自由の国と**されるアメリカは、国益のためなら国策によって企業を保護し、また解体することも厭わない**のである。

ソフト開発からハード開発への転換

さて「個人情報」「税金」「公平な競争」の3点からGAFAを評価してみたい。もちろん私は海外の証券アナリスト、銀行マンなど個人的なツテによって情報を得たうえで評価していることはいうまでもない。ただしこうした評価は表に出ている情報でも、きちんと分析ができるということを示すことに意義がある。生き残るための「投資」において企業の未来を評価する思考法としても応用できるからだ。

一番簡単にクリアーできる問題が払えば終わりの「税金」だろう。もちろん収益は圧迫されるだろうが、法の網の目をくぐり抜けた、名目上「合法的な節税」による収益構造が健全であるはずがない。そもそも利益以上の税金は発生しないうえ、行政側も利益を上げる企業は収入源なのだから潰したいとは考えない。「納税額」とは、節税したい企業と、より多くの納税を求める行政との「妥協」によって定められる。したがって行政側との「妥協点」を探して払うものを払ってしまえば、それで終わりということになる。

二番目に解決しやすい問題がアメリカでさえ問題になった「公正な競争」だと私は考えている。既存の収益構造を拡大すれば「公平な競争」を阻害するのだから、違った収益構造を作るということになる。

研究開発の投資額と方向性から考えてみたい。

元々Amazonは「ＥＣサービス」（インターネットを通じて物を販売するサービス）の企業だが、サーバー事業に進出していることからプラットフォーマーとなった。ということはサーバー事業を切り離して物流業になればいいだけの話だ。

またAmazonは18年に研究開発費としてＧＡＦＡトップの額、３・２兆円を計上した。Amazonの開発は自社の在庫管理システムやプライベートブランド商品だけではない。15年にイスラエルの企業を買収してＣＰＵ開発に着手し、18年には自社サーバー向けＣＰＵ「Graviton」を、19年には「Graviton 2」を発表している。

GoogleもGAFA2位となる2・4兆円もの研究開発費を投下している。翻訳システムに代表されるAI（人工知能）開発や、自動車の自動運転システムを報道によって知っている人は多いだろう。19年10月には世界最高速のスーパーコンピューターが1万年かかる計算問題を、同社が開発した量子コンピューターが3分20秒で解くことに成功。量子コンピューターの分野では老舗であり巨人であるIBMがライバルとなっている。

Amazonが自社という内向的な方向性であるのに対して、社会性の高い開発を行うGoogleは外向的であるという印象だ。システムなどのソフトから、CPUや次世代コンピューターというハードに開発の方向性を変えているということは、両社はすでに製品開発メーカーへ脱皮しようとしているということだ。

もちろん収益が技術開発の先にあるのだから、これは収益構造の転換と評価できるだろう。

注目したいのは、Googleが自動運転技術開発を発表したのが2010年、量子コンピューター開発の発表が14年という点だ。技術開発への資金投下は「投資」に他ならない。**時価総額で世界のトップランクに入るほどの企業でさえ、数年先という時間軸で投資を行っているのだ。こうした姿勢こそ見習うべき「投資」といえるだろう。**

この「公平な競争」で一番苦しいのはFacebookだ。Facebookの収益構造は「最大多数の利用者を得る」ことを基本にしていて、それゆえの競合企業買収ということだ。ユーザー数十億人の「WhatsApp」や「Instagram」などを買収したのは、利用者の利便性を上げるためでもなんでもない。企業としてのFacebookにより多くの利用者を集め、得た情報を利益にするという目的だけだ。

一方で、FacebookがGoogle、Amazonのように製品開発を行っているという報道はほとんど見聞きしたことがない。開発費もＧＡＦＡ最下位の４位で1・1兆円（18年）となっていることと合わせれば、開発の方向性は「利用者獲得のためのシステム開発」と考えるべきだろう。

「個人情報」で凋落したFacebook

最後がＥＵで問題になっている「個人情報」だ。その対象は「広告」を主収入としているGoogleとFacebookだろう。

19年1月にはフランス当局が、ＧＤＰＲに基づきGoogleに約62億円の制裁金を科すことを発表した。これはＧＡＦＡへの初の制裁だ。元々は、

「収集した個人情報によって広告をカスタマイズしている」という民間団体の訴えから調査が始まったのだが、制裁の理由は、GoogleがOSを提供しているAndroidスマホの個人情報の利用についての説明を確認するには、5〜6回のクリックが必要であり、これがGDPRの明瞭で平易な状態になっていないというものだった。ただしこれは決定ではなく、Google側はフランス側に不服を申し立てることができる。フランス側の制裁理由は、「Googleはサービスの利用を通じて個人情報を収集し莫大な利益を得ている」という疑惑からはずいぶん後退した印象だ。

Googleが「個人情報」をどのように考えているのかは、18年5月16日に『ニューヨーク・タイムズ』が報じた「私のGoogle上の個人情報ファイルは巨大だったが、Facebookほど不気味ではなかった」(Google's File on Me Was Huge. Here's Why It Wasn't as Creepy as My Facebook Data.)に詳しい。

要約すれば、Googleは個人情報をダウンロードできる「Takeout」というツールを提供していて、自分でGoogleが集めた個人情報を管理できるという。記事中では「Takeout」開発チームのリーダーだった元Googleマネージャーのブライアン・フィッツパトリック氏が、

「企業はあなたに関するこのデータを収集していますが、Takeoutは、それを見る正直な方法です」

と、Googleでは「個人情報収集」の透明性が担保されていることを明かしている。

Googleの収益構造は広告だが、行っているのは新聞広告と変わらない。1面の広告掲載料が高いように、検索サービスの上位に来るために広告料が高くなるといえばわかりやすいだろうか。フランスでの制裁理由が後退したのも、個人情報を収益源にしていないのが根拠の一つといえるだろう。

ただし同じ19年12月、フランスはこの広告掲載の仕組みに対して約１８０億円の制裁金を科すことを発表した。広告料を支払っていないのに検索上位に掲載される企業と、支払っているのにもかかわらずアカウントを停止された企業がいたことが理由だ。

一連のGoogleに対するフランスの措置は、「個人情報」ではなくGoogleがその立場を利用した意図的な広告掲載の問題であり、前述したＥＵ圏内の情報産業分野でアメリカから優位性を奪い取りたいという野心のほうが強いと私は見ている。ドイツに代わってＥＵの旗手の座を狙うフランスが、トランプ政権のアメリカファースト主義に対抗して「ＥＵファースト主義」のフラッグを揚げたということだ。「Google」の問題というより、米欧の「情報覇権紛争」だと考えるべきだろう。

現在Googleは「人工知能（AI）」「量子コンピューター」「自動運転」などの開発を行っているが、その技術の方向性は高い社会性を持っている。この技術が唯一無二となれば、EU側もGoogleに跪かざるをえなくなる。唯一無二の「技術」というのは強い武器なのだ。どこかの議員がドヤ顔でいった「2位じゃダメなんでしょうか？」などという考え方はありえない。

だが「個人情報」を最大限に利用した広告のカスタマイズを主収入源としているFacebookは非常に苦しい。「私のGoogle上の個人情報ファイル――」の記事中でも、

〈Googleファイルで見たもののほとんどは、写真、ドキュメント、Gメールなど、私がそこに保存した情報だった。しかし、Facebookデータには、私の連絡先と共に500の広告主のリスト、さらに数年前に削除したはずの友人の記録が残っていて、とてもショックだった〉

と両社の集めた個人情報の「質」が指摘されている。

17年9月と18年4月にはFacebookが約2兆円で買収した「WhatsApp」の創業者2人が、相次いでFacebookを退社した。その理由は個人情報に対する方針が相容れないから

というものだ。また18年には約８１０億円で買収した「Instagram」の創業者もFacebookを去った。広告の導入と個人情報収集の強要が動機であることが報じられている。

この年FacebookはＧＤＰＲに対応して「データ保護」を経営方針に加えた。そのことで収益が悪化。買収した企業で新たな広告収益を得ようとした結果、「広告掲載をしない」というサイト運営方針に介入されることに嫌気が指して創業者たちが去ったのだ。「個人情報保護」に傾けば収益が悪化し、「個人情報活用」によって収益を上げれば制裁という二重苦がFacebookの「現在」だ。

このように「個人情報」はFacebookの根幹に巨大なダメージを与え、その痛みは収益構造を変えない限り続くだろう。創業からわずか14年で仏教徒約５・２億人、イスラム教徒約17・５億人どころかキリスト教徒約24・５億人を超える「信者」を獲得した**Facebookは凋落《ちょうらく》の時期に入ったと、**私は考えている。

Appleの優位性

Facebookが窮乏の分岐点にさしかかり、ＧＡＦＡの負け組に転落するリスクが高いことは理解できたと思う。ＧＡＦＡを規制する「個人情報」「税金」「公平な競争」の3点からスクリーニングしていくと、自ずと浮かび上がるのがAppleの優位性だ。税金は支払えば済むことは他の三騎士と変わらない。では「公平な競争」の点はどうか。

80年代初期に、Windowsを開発したMicrosoftはIntelと連合、両社の蜜月関係は「Wintel」（ウィンテル）と呼ばれ、ソフトとハードの両面で世界のパソコン市場を寡占した。

Appleは公正な競争の被害者側だったということだ。

世界のスマートフォンのOSのシェア率は、20年4月時点でAndroidが70・7％、iOSが28・8％となっている。ご存じのようにAndroidは世界中のメーカーが自社製スマートフォンに採用している連合で、80年代のWintelと同じ構造だ。たった1社で連合と競争していることは「公平性」を阻害していないといえるだろう。

個人情報についてだが、GDPRによって世界中で「個人情報」への意識が高まる中、Appleは17年9月から公式サイトで「プライバシーは基本的人権であると信じています」と明言している。また18年に、同社CEOのティム・クック氏は、

「われわれが顧客を製品だと考えて、顧客データをマネタイズ（収益化）すれば莫大な金を稼げるだろう。だが、そうしないことを選んだ。われわれは、プライバシーは人権だと信じているからだ」

「テクノロジー企業が、サービス改善のために個人情報が必要だ、といっても信じてはいけない」

と発言した。

19年からは「What happens on your iPhone, stays on your iPhone」（あなたの iPhone で起こることは、あなたの iPhone 上に留まります）という自社広告を展開。iPhone の背面と Apple マーク、黒地に白文字の小洒落た広告の意味するところは、ユーザーが利用する iPhone から個人情報を抜き出して商業利用しないということだ。

iPhone の個人情報については悪意ある第三者が常に脆弱性を狙って不正に盗もうとしていることが問題で、ＧＡＦＡの中で「個人情報の商業利用」からもっとも遠い場所にいるといえるだろう。

パーソナルコンピューターのメーカーだった Apple は、「四騎士」の中でただ一つの製造業者だ。収益構造の実に約６割が「iPhone」という「物の販売」によって支えられていて、「情報」を金に換えるのではなく実体を作り出している。

Apple は18年８月に時価総額１兆ドル（約112兆円）を超えて以降、「１兆ドル」のラインを前後している。

ただしApple自体は「力強く」成長していると私は見ている。

少し考えればわかることだが、「広告」は「物」があってはじめて価値を持つ。選挙などの特殊な場合を除いて「個人情報」がマネーを生むのも「物を買う」という行動があってのことだ。

19年12月に、サウジアラビアの国有石油会社「サウジアラムコ」がサウジ国内で上場。時価総額約２００兆円となったことから世界一の座を奪われたものの、20年1月の時点でのAppleの時価総額はアメリカ企業1位で、巨人「Microsoft」と首位の座を争っていた。**「情報」という「虚」に対して、「物」という「実」による収益構造は固く、まさに「王道の投資対象」といえるだろう。**

「ヒストリー」と「オリジナリティ」

ここまで読むと、まるで私がAppleの肩を持っているような印象を受けるだろう。

その通り、私はAppleのファンだ。

１９９０年からMicrosoftはWindows 3.xを発売する。しかし、それ以前にAppleが発売していた「Macintosh」（マッキントッシュ）は、すでにWindows型の直感的操作が可能だった。デザイン性の高い「マック」の名前で呼ばれた本体は、価格もさることながら純正パーツ以外の使用ができない。90年代初頭にあってメモリー1Ｍ（メガ）あたりの金額が銀1グラムより高額と、まさに性能とステイタスを備えた憧れのパーソナルコンピューターだった。

独特の1ボタンマウスは操作しにくかったが「複数のデザインから3歳児が一番飽きない物を選んだ」、「Microsoft のビル・ゲイツは熱狂的なマックマニアだ」など、まだインターネットもない時代にあって「信者たち」は、そうした真偽不明の逸話を口伝で共有していた。

95年の Windows 95 の爆発的なヒットにより、「Wintel」連合に市場を寡占された Apple は、この時期、新型ＯＳ開発の失敗などで、あと90日で倒産という状態まで追い込まれる。97年にスティーブ・ジョブズが復活し、98年に半透明という衝撃的なデザインの「iMac」を発売。01年には売り上げを疑問視されながら発売した「iPod」が爆発的なヒットとなる。

ミュージックプレイヤーであの「1ボタン」が復活したことは実に感慨深いが、07年には「iPhone」を発売し今日に至っている。

ここで「投資」の話へと戻っていきたい。

ファンなら誰でも知っている話だと思うが、こうして整理していくと、Appleという会社が優秀な製品を生み出すだけではなく、ドラマチックな「ヒストリー」を持っていることが理解できるだろう。**私が銘柄やファンドを選ぶ時に重視するのが「現在どれほど利益を出しているのか」より「ヒストリー」だ。そのファンドが何を原資にして、どのようにショックを生き抜いてきたのかなど、「美しく刺激的」なドラマがあることが投資対象候補となる要素だ。そこに魅力がなければ、私の食指は動かない。**

ヒストリーという土台の上にあるのがユーザーに提供されるサービスの質だ。レストランなら料理、ネット通販なら安さ、速度、保証などとなる。製造業者であるAppleの場合は、製品だ。

「iMac」の衝撃的なデザイン性で苦境から脱出したAppleだが、製品のクオリティは圧倒的にユーザー側に立っている。その顕著な例が「iPhone」だ。07年の発売当時、すでにいくつかの大手日本メーカーもスマートフォンを開発、販売していた。掌の中で相場を知ることができるということで、「iPhone」発売以前に私もスマホに手を出したが、バッテリーの持続時間がユーザーをバカにしているとしか思えないほど短かった。

実は「ガラケー」と呼ばれ、「ガラパゴス」と非難された日本のフィーチャーフォンは、世界の携帯電話が目指すべきモデルとなっていた。すでにテレビ視聴の機能がついており、「Nokia」「Ericsson」などしか知らない海外の知人は、このアイデアに感嘆していたものだ。

手の中に通信とＰＣの機能を持たせたスマートフォンの発売当初のキモは、情報処理速度でもカメラの画素数でもなく、バッテリー持続時間だ。理由はシンプルで、どれほど高性能でもバッテリーが切れればただの箱となるからだ。フィーチャーフォンも駆動時間を伸ばす方向へと進化していったのだから、それより消費電力量の多いスマートフォンでも同様の工夫は行われるだろうと期待していたが、結果は絶望的だった。

それを打ち破ったのはiPhoneだ。Appleだけがスマートフォンの本質に気がつき、「持続時間」というユーザー側に立ったユニークな特徴を持たせたということになる。iPhoneを触った瞬間、日本メーカーの凋落を実感したのが正直な感想だ。同時に、Appleが行ったユーザー側に立った技術の取捨選択に、私は感動さえ覚えた。

もう一つ特筆すべきAppleの特徴は、宣伝戦略にあると私は考えている。スマホだけではなく車、冷蔵庫、トイレットペーパーに至るまで通常、宣伝は商品の性能をアピールすることに特化する。だがAppleは、収益構造の６割となるiPhoneについて、「iPhone」というブランドのみを周知。広告の世界にはメーカーが出資して性能を記事化することで訴求力を高める「パブ記事」というものもあるが、Appleがそれを行っていたとしても性能については第三者が行うということだ。

これはCHANELやHermesといったトップブランドの服飾メーカーが行っている広告戦略だ。こうした企業の広告は、製品ではなく「ブランド」を宣伝する。品質がいいことは当然ということだ。顧客はマスではなく、高くても買うニッチでいいという販売戦略も伝わるだろう。

マスを顧客とするファストファッションのメーカーにはトップブランドのデザイナーや素材を使っているところもあるが、そこを売りにしても「ブランド」の価値がトップブランドと同様になることはなく、ただ製品の価値が上がる効果しかない。

iPhoneも同様で、ライバルはAndroidをOSにした連合だ。連合側がいくらApple的な広告戦略を取っても「多くの中の一つ」となってしまうだろう。iPhoneは唯一無二の存在だからこそブランドを訴えることができるのだ。同時にそれは製品にミスがあった時、ブランドイメージごと失墜するリスクを負っているということだ。ブランドと品質の維持がシナジー（相乗効果）となってAppleを支えている。

何よりAppleの瀟洒《しょうしゃ》な広告は私のアートに対する感性を強く刺激する。こうした企業こそ投資対象とするべきだ。このロジックが、恐慌の時代でも倒産リスクの低い企業選びに利用できることはいうまでもない。

感性に応じて選び、必要に応じて理性を駆使する

さてAppleについての私の解説を聞いて、首をかしげるどころか憤慨する人も多くいるのではないだろうか。普段であれば冷静に合理性を追求する私が、「美しく刺激的」「アート」などとかなり抽象的な表現を多く用いているのだから。

もちろんこれは意図したものだ。その真意は「王道の投資」にある。

まず問いたいのは、皆さんは、何を基準に銘柄を選ぶのか、という点だ。ある人は企業業績や売り上げなど「財務内容」を決定材料にするだろう。またある人は、ボラティリティ（銘柄の価格変動差）によって選ぶかもしれない。

だが多くの投資本やネットに書いてある、そうした「標準的スキル」と思い込まされている選択法こそ「盛」であって、「基」ではない。なぜならそれは「株価」だけを視野に入れたスクリーニング（銘柄選択）だからだ。何よりそうした「標準的スキル」は莫大な資本を持

った機関投資家が、独自に情報を手に入れながら行っている方法だ。

現在では機関投資家の多くが「ＡＩ」を所有している。同じ生息域で同じ方法をとれば、資本力が大きな側が、資本力が小さい側を「養分」とするのは目に見えている。

投資というものをもっと手前から整理してみよう。

本質的な投資は企業が将来成長することによるリターンを期待して行う。すなわち、株価は企業の成長力に対する信用が作り上げるということになる。

もちろん株売買による利益「キャピタルゲイン」は、配当などの利益「インカムゲイン」より大きい。しかしキャピタルゲインは成長力のある企業でしか持続的には生まれない。

また「成長力」について「成長力は数字で読み取れる」という妄信があるが、果たしてそうだろうか。その「数字」は過去から現在までのもので、将来を保証するものではない。また数字によって誰しも成長がわかってしまえば多くの投資家が集まることになり、リターンは減るだろう。

大きなゲインを得るために必要なのは、知られざる成長力を持ちながら誰からも注目されていない企業だ。Apple の成長については「ヒストリー」「オリジナリティ」「ブランド」の３点で解説したが、こうした企業の成長力を根底から支える要素を私は「魅力」と呼んでいる。

実は**成長力とはその企業の「魅力」に他ならない**。数字はその魅力の表現でしかないのだ。強い「魅力」を感じ取るからこそ、成長を確信して長い時間軸でも株価の上昇を待つことができる。

では企業の「魅力」をどう知るのか――それこそが「感性」だ。より科学的に呼ぶならば「直観」ということになる。その**感性を出発点にして、理性的・合理的に企業を分析するのが「王道の投資家像」**だ。カール・マルクスが『ゴータ綱領批判』で掲げた「能力に応じて働き、必要に応じて受け取る」ではないが、

「感性に応じて企業を選び、必要に応じて理性を駆使する」

というのが株投資の「基」だ。

実はこの一歩目の「感性」という「非合理性」こそが、コロナ・ショックの時代を生き残る鍵である。「感性」という「非合理性」と「理性」という「合理性」を自身の中に同居させる具体的なスキルについては後述したい。非常に抽象的な表現ということで、自身の経験を具体例にして解説しよう。

「素人」は「時間軸」が欠落している

最初に解説したいのがテスラだ。２０２０年1月に時価総額１０００億ドル（約11兆円）を突破。創業たった16年にして、自動車メーカーではドイツのＶＷ（フォルクスワーゲン）を抜いてトヨタに次ぐ世界2位となった。

私とテスラとの出会いは約2年前、知人の運転するモデルＳに乗車した時に遡る。まず驚いたのが、精緻なボディラインが描き出すカーブだ。思わず「美しい」と漏らしたが、所有者によればそれはミクロン単位で加工されており、空力性能を表すＣＤ値は市販車最高レベルの０・２３を実現しているという。内装も豪奢《ごうしゃ》でいながら落ち着いていて、運転席は最新鋭の戦闘機と同様に、アナログメーターではなく液晶ディスプレイによるガラスコクピットとなっていて「無駄」という要素が一つもない。

モーターとシャシー（車体）という単純な構造から、電気自動車を「大きなリモコンカー」と揶揄する声がある。だがモデルＳは、黒い世界在籍時を含めて私が知るあらゆる高級車に匹敵するか、凌駕《りょうが》していた。少し先の未来が実現した在り方は近代アートそのもので、初めてiPhoneに触れたのと同じ種類の感動を覚えた私は、その半年後、テスラ社への投資を決意する。

まさに「感覚」から出発した投資だが、理性的・合理的に調査、分析した結果、当時テスラ社はキャッシュフローが不足していることがわかる。そこで私は株式市場を通じての投資ではなく、テスラ社に直接、額面７００億円の投資をオファーした。モデルＳへの感動が、もっと近いところでテスラと関係したいという気持ちを生んだからだ。間もなくテスラ社執行役員の書名で直接返事が来たが、「株主さまへ」で始まるメールには、

「どうか1年間当社の株を保有していてください」

とあって、出資の必要はないとのことだった。さらに、

「確かに現在はキャッシュフローがないが、1年後には上海の巨大工場が稼働して生産性が上がる」

「デリバリーさえクリアーして5年待てば、トヨタを抜いて世界一の自動車メーカーになることは、すでに確定している」

とされていた。これらのスケジュールを守ることを「お約束します」と結んであったが、この一言がテスラ社の成長に対する私の自信を確信に変えた。その時、ちょうど投資先を探していた知人から相談を受けた私は、迷わずテスラを推薦した。

テスラ社CEOは舌禍事件を起こすことで知られているが、誤解を生むTweetで投資家を惑わせたとする証券詐欺罪で米証券取引委員会（SEC）に提訴されていた。18年9月和解へ動くが、CEO退任の観測から1株300ドル前後を推移していた株価が250ドル前後まで急落。

そのタイミングで知人は約5億円分テスラ株を購入した。

その後、再び300ドルを超えて推移していたが19年4月に第1四半期（1～3月）の決算発表によってキャッシュがショートしつつあることが明らかになる。5月には24億ドルの増資を発表するが、CEOが従業員に送った、

「本当のところ、これだけ調達しても、第1四半期の赤字の出し方を考えればおおよそ10ヵ月で使い果たす計算になる」

というメールがSNSに流出。CEO自身は社内を鼓舞したつもりだったようだが、危機を感じた投資家が株を手放し株価は180ドル前後まで急落する。

この時、慌てた知人の秘書氏は私に電話をかけてきて辛辣《しんらつ》な罵声を浴びせた。だが、私の確信は揺るがず、待てば必ず上がるという言葉を繰り返し続ける。そして19年10月、テスラ社の約束通りに上海の工場が稼働を開始すると、株価は20％上昇。そのまま年明けまで上昇

に次ぐ上昇を重ね、20年2月4日には、一時９６８ドルを付けた。

ようやく市場が私のイメージに追いついてきたということだ。これで知人は約14億円をゲインしたことになる。コロナ・ショック前ということで、秋の大統領選までトランプ氏が、あらゆる手を使って株価を上げてくることは火を見るより明らかだった。

１０００ドルは固いと思っていたところに、再び秘書氏から電話がかかってきた。お礼の一つもくれるのだろうかと期待して電話に出てみると、

「なんで教えてくれなかったんだ！」

と、聞こえてきたのはまたも怒りの声。聞けば７００ドルの時に売り抜けてしまったのだという。むしろ怒りたいのは私のほうだが、秘書氏の話をあえて出したのは悔しさからくる揶揄ではない。この姿こそ、私が「素人」と呼ぶ一般投資家のそれだからだ。

決定的に欠落しているのが「時間軸」だ。

株価が上下するのは当たり前で、「秒」「分」「時」で移動を見た場合と、「月」「年」で見た場合では、ゲインの規模が違ったものになる。「素人」の最大の欠点はここで、まるで何かに呪われているかのように「株安」を嫌悪する。

忘れてはならないのは、**企業自体がきちんとしている限り下がった株価は必ず上がるとい**

うことだ。**むしろ株価が下がることは、それ以上に株価が上がるための予備動作だ**ということを私は経験で得ている。そんなことに一喜一憂するより企業が本質的に持っている「魅力」と、**それを感じ取る「感性」、その後の「理性的・合理的な分析」のスキルを磨くことが重要だ。**

「時間軸」が欠落した「素人」は、未来ばかりか過去も振り返らない。私がテスラに注目したことや期待感をTwitter上で公表した後で株価が下がる度、「バカだ」と断定する個人投資家がいかに多かったことか。信じて買った人もいたと思うのだが、お礼の言葉はない。例の秘書氏のあまりの行状に、さすがの私も抗議をしたところ、お礼の品が贈られた。段ボールの中身は大量のみかんだったが。

テスラの株はコロナ・ショックによる下落相場の中で、3月18日に361ドルまで株価を落としたが、4月17日に753ドルの値を付けている。

暴力には「面背腹従」

19年末からアメリカ株式市場では史上最高値更新が続き、これに牽引されて日本でも株高のトレンドが続いていた。米中貿易戦争の一次休戦に、FRBによる低金利維持の金融政策が機能して、年が明けて勢いは増すばかりだった。いくら「企業の魅力」が基本とはいえ、**株価は相場の地合によって大きく左右する。**Apple もテスラも企業の魅力という帆に、この追い風を受けての時価総額ということだ。

訪れる大恐慌にあたって生き残るために考えなければならないのは、アメリカがどうするのかという点だ。

アメリカの株高は、トランプ政権が20年秋の大統領選挙での再選を睨《にら》み、金融を刺激する施策を次々と実行したことが最も大きな要因だ。トランプ氏自身による Twitter でのつぶやき、米中摩擦一次融和という外交、ＦＲＢの金利という内政から、北朝鮮、中東問題への対応に至るまで、すべては「アメリカの利益」に繋がっている。

一連のアメリカによる利益誘導を支えている正体が「暴力」だ。頓挫《とんざ》した Facebook による世界統一の暗号資産「リブラ」を考えればわかるだろう。

リブラが見直しを迫られた最も大きな原因は「暴力の有無」だと私は考えている。そもそも「暴力」を保有しない組織が、世界の構造を変えるほどのマネーなど作り出せるはずがない。逆にいえば、先進国レベルの「暴力」を Facebook が保有していれば「リブラ」は成立していただろう。

ネットによって成立した現在の社会では、「情報」が「暴力」のように振る舞い、人を追い詰め命を奪うことさえある。Facebookは大統領選を左右するほどの「情報」を持っているのだから、すでに国家レベルの「情報暴力」を保有しているのではないか、という反論は一応成立する。

だがこうした情報原理主義の皆さんは「暴力」が機能する速度を見落としている。情報はそれを受け取る「人」が反応して初めて機能するのだから、浸透するタイムラグが必要だ。対して軍や警察など、国家の法執行機関が所有する実暴力は即効性が高い。多弾頭型のＩＣＢＭの突入速度はマッハ21～24、西側の戦車の標準的な戦車砲弾「ラインメタル120㎜L44」で初速１５８０～１７５０ｍ／ｓ。暴力団が「サンパチ」と呼んで好んで使う「.38S&W弾」の初速が２３４ｍ／ｓだ。

理屈をいう前に、その口を塞ぐことができるのが実暴力だ。民間企業が米軍や、人民解放軍レベルの「実暴力」を保有できるはずがないのだから、新たな「通貨創造」など初めから不可能だったのだ。

「暴力」を保有して国家に対抗できないのであれば、「暴力」とどう向き合うのか――その答えはAppleがすでに出している。

16年の大統領選挙中から、トランプ氏はアメリカ国内への生産工場回帰を公約としてきた。製造業が集まる中西部から大西洋にかけての「ラストベルト」の有権者たちがトランプ氏に票を入れたのも、それが理由だ。トランプ氏は比較的公約を守る政治家なのだが、そのためには世界のサプライチェーンの拠点を中国から移さなければならない。

Appleは、18年からiPhoneのサプライチェーンを中国外に出すことを模索し、19年にはサプライヤーに生産能力の15〜30％を中国外に移転することを要請している。

13年発売のパーソナルコンピューター「第2世代Mac Pro」はテキサス州で組み立てられていたが、第3世代は中国での生産が計画されていた。ところが19年、トランプ氏が、「Appleは、中国で製造されたMac Pro部品の関税免除または減免を与えられない。アメリカでそれらを作れば、関税はかからない！」

とTweet。結果的に中国への生産工場移転の計画を白紙にしている。

シリコンバレーの住人たちが国家による規制を嫌うことはすでに述べた。だが、Apple同様、「暴力」に「面背腹従」しているのが実情だ。トランプ氏を大統領にした「ラストベルト」には、Googleの親会社AlphabetやAmazonが集まりつつある。この影響で不動産相場も上昇している。

まさに国家暴力が新たな「マネー」を生んでいるということだ。アメリカの「暴力」がどのように「マネー」を生むのかを知ること——「M＝＄V」を理解することこそが次なる投資先を誰よりも早く直観するための知識であり「ショック」を生き残る鍵でもあるという、私の確信は揺るがない。

第6章　「神」さえ仮死する世界の中で

ヒトを超越した存在と戦うための日常

ここまでの記述で、世界恐慌クラスのショックが生んだ「負」が「戦争」の方向に脱出しようとしている構図は理解できたと思う。

1945年の終戦から3四半世紀が経とうとしていることもあってリアリティが湧かないかも知れないが、大戦後も戦争を続けてきたのが世界の現実だ。

時に絶望することもあると思うが、その泥沼から抜け出す要素こそ「希望」である。そして「希望」は「未来」へのイメージが生み出す。すなわち「**時間感覚」を身につけることが、「希望」への道**ではないだろうか。

私は「時間感覚」を身につけることの重要性を株式投資における「ＡＩ」すなわち「人工知能アルゴリズム」との戦いで知ることになった。生き残る重要な「鍵」の一つでもある「希望」にたどり着くために、「時間感覚」を身につけるためのルーティンと、その重要性を解説したい。

大恐慌の訪れを前にしても私は「午前9時00分」に活動を開始できるように就寝し、起床する生活を続けている。

「午前9時00分」は東京証券取引所が取引を開始する時間だ。
一般的に脳は起床後4時間で活動のピークを迎えるとされているが、それは興奮を利用した仕事術だ。**私は興奮とは逆に日常を「淡々」と送ることに努めている。いつもと変わらない「投資家としての日常」をただ送る——私はこれを「ルーティン」と呼んでいる。**日本語に訳せば「習慣的・定期的な手続きや仕事」となる。多くのビジネスパーソンにとっては、嫌悪する退屈な「ルーティンワーク」をイメージするだろう。だが、私の場合は日常生活を意識的に「ルーティン化」している。株式市場が暴落を続け、投資行動が機能不全に陥っている状態でも、それは変わらない。

私がそうする動機は「時間」を身体に覚え込ませることにある。「楽しい時は短く、苦しい時は長い」や、「若い時は遅く、年を取れば早く」といったように、感覚の「時間」は伸縮するからだ。

この30年間、私の体重はプラスマイナス1kgを維持しており、ウエストは1cmも太らせていない。そうするように自身に義務付けているからだ。そのために食事や生活習慣を常に調整している。時間は常に私の肉体に「老化」というダメージを与えているのだから、代謝活動や内臓機能の変化に応じて、食事や運動量、睡眠などを調整しなければならない。

それはナルシシズムが理由ではない。「プラスマイナス1kg」の体重維持という肉体変化を通じて、「時間」の確認を恒常的に行っているのだ。

以前から習慣化していたが、特に近年、投資の世界を「AI」、すなわち「人工知能アルゴリズム」が支配しはじめてからは、ますます禁欲的になった。「時間の観念」こそが「**ヒト」が作り出した、ある部分では「ヒトを超える存在」に打ち勝つ大きな要素に他ならない**と気がついたからだ。

まずはAIの脅威について解説しよう。

市場を支配する「神」

コロナ・ショック以前の史上最高値を連続更新していた株式市場には、「心」を持たない投資家が猛威を振るっていた。それこそが、人工知能（AI）アルゴリズムだ。

株価が上がるか下がるかも含めて、金融は不確定性が充満する世界だ。しかしその不確定性を、いくつかの数学が解き明かしていった。

1952年の「現代ポートフォリオ理論」（ハリー・マーコウィッツ氏）、64年の「資本資産価格モデル」（ウィリアム・シャープ氏）、73年のブラック－ショールズ方程式（フィッシャー・ブラック氏とマイロン・ショールズ氏）……多くの数式モデルが金融取引に応用され、コンピューターの発達とともに枝分かれし、各々が進化し、かなり正確な予測が可能となっている。

これら一つ一つの説明は割愛するが、かつてのように不確定性を「カン」で処理する職人的投資家が活躍することは少なくなり、現在の金融の世界の主役は、エンジニアとなっていた。アメリカのゴールドマン・サックスは世界４万人の従業員のうち、約25％がエンジニアだという。

確かに「人工知能」を謳《うた》うサービスの中には、ポンコツも多く存在する。大手家電メーカーの「ＡＩお客様相談」を使うと、ため息が出る回答ばかりだ。だが、数式が支配する金融の世界で、人工知能はその能力をフルに発揮する。複数の数式モデルを組み合わせるばかりか、発信されるニュースや、モメンタム（勢い）のある株価を常時監視し、追いかける。

私が驚くのは、リスクを計算し尽くした株価予測能力だ。ＡＩは損をせず成立する株価に「買い」と「売り」の注文を出し、確実に利益を取っていく。リスクが低い分、「儲け」は当然薄くなる。そこでコンビを組むのが高速回線を使った「ＨＦＴ」（超高速取引）だ。

現在、ＡＩはナノ秒（10億分の1秒）で判断し、ミリ秒の売買を実行する。まばたきが１００～１５０ミリ秒なのだから、文字通り「一瞬」ということだ。仮に１秒の中で１株１００

円×1000株を買い101円で売ることを約10回繰り返しても、トータルの損益は「銭」の単位になる。だが1分で60銭、1時間で36円。3桁の億以上の資本を投下すれば一回の株数も増える。そしてこれを多数の銘柄で並列して行えば、どれほど莫大な利益になるのかは理解できるだろう。

大手だけではなく、小さな証券会社から個人投資家までAIアルゴリズムを利用し、乱立している状態だ。基礎理論は同じ、取引速度も近似的なものということで、AI同士の株取引の勝敗を分ける要素は「情報の独自性」に向かっている。例えば「ホテルの予約数」などがそれで、予約数が多ければ、ホテルの儲けが多くなるばかりか、周辺施設の収益も拡大するからだ。このように有効な「オルタナティブ・データ」(非伝統的データ)の採取へと戦場は移っている。

もはや創造主である「ヒト」さえもAIが判断する根拠を理解できないのだから、「神託」を告げる「神」のごときものということになる。

「捕食者」と「養分」

こうしたシステムの所有者が圧倒的優位性を持つのが、最先端の投資の現実だ。大部分の個人投資家には「確率論」によるナノ秒の計算も、「ミリ秒」での売買も不可能ということで、求める利益を先回りして食い荒らされてしまう。この「捕食者」を前に勝負をしても、個人投資家は利益を提供する無抵抗な「養分」に過ぎない存在となる。

一連の問題点を私が分析できる理由は、私の投資顧問会社「NEKO PARTNERS INC」が、機関投資家に匹敵する「システム」を装備しているからだ。

担当しているのは、暗号資産の分野からスカウトしたロシア人と中国人のエンジニアだ。コンピューターの購入にあたって、ロシア人から「核爆弾をシミュレーションできる」という億単位の見積もりが出てきた。さすがに断ったものの、大手機関投資家が使用しているものと同程度の性能のあるコンピューターを入手し、同程度以上のアルゴリズムとＡＩの開発に成功した。回線については通信速度という「質」はもとより、取引所からの「距離」も考えて、23区内のある場所に事務所を構えた。機関に匹敵するほどの資本量があることはいうまでもない。

コンピューターとエンジニアと莫大な資本が支配しているのが、現在の株取引のシビアな現実だ。

では、個人投資家は諦めなければならないのか――答えは半分「イエス」だ。**生き残るた**

めに第一に考えなければならないのが、「捕食者」の生息域だ。

ミリ秒単位で「銭」を積み上げるということは、短期間で株価が乱高下する必要があるということだ。狙われるのは投資用語でいう「ボラ（ボラティリティ＝変動幅）が高い」銘柄だ。父と娘が揉めに揉め資金調達困難になった時の「大塚家具」、あるいはCEOだったカルロス・ゴーン氏が金融商品取引法違反容疑で逮捕された時の「日産」など、スキャンダルが生じた企業は「捕食者」が群れる場所だ。売買は板の上に現れるが、ミリ秒の売買を確認できるのは肉眼ではなく、同じＡＩだ。開発中だった私のシステムが「捕食者」の存在を伝えてきたので間違いない。

そこは「銭」を求めて「捕食者」が「捕食者」を食い合っている。

だが、資本量の少ない個人投資家ほど、目先の利益を追求する傾向が強い。ボラの高い銘柄は良く見えると思うが、それこそ丸裸で「捕食者」の群れに飛び込むようなものだ。こうした場所には近づかないのが、最良の策だといえるだろう。

もう一つの方法が「無視」だ。「銭」を積み上げるということは、時間軸が短ければ短いほど「捕食者」が活躍する確率は高くなるということだ。

そこで、個人投資家が追求しなければならないのは、「デイ」という短期ではなく、中長期でのリターンを求める「王道の投資」ということになる。一番重要な要素は企業の「成長力」や「魅力」であることはすでに述べた。

もちろんリターンを待っている間に、買った銘柄に「捕食者」が群れることがあるかも知れない。だが機械同士の共食いは放っておけばいい。短期の収益を求める「捕食者」は、ほどなく次の場所へ移動するからだ。

株価は企業の成長や魅力に付いてくるのだから、勝負はその先の時間軸にある。機械との勝負に力を注ぐよりも、秘めたる「成長力」や「魅力」の分析に集中するほうが合理的といえるだろう。

ヒトが神に勝てる可能性

今日では「ＡＩ」の社会進出が話題となっているが、この投資の場面のように「ヒト」は「ＡＩ」という神の従者に転落するのか――その疑問をブレイクするヒントになったのが、私のＡＩ開発を行った中国人エンジニアの周君だ。

周君は日本の国立大学に留学し、北京大学コンピューター科学技術研究所で気象予測の数値解析を学んだスペシャリストである。その後、大手ＩＴ企業に就職したのだが、会社のコンピューターシステムを私的に利用して解雇された経歴を持つ。

第二次世界大戦末期のアメリカによる原爆開発計画「マンハッタン計画」においては、科学者によって思わぬ副産物が生まれることとなった。高性能コンピューターがない時代にあっては、紙とペンによる膨大な量の計算と実験によってでしか「核爆発」の実現は不可能だった。「虐殺者であるナチスを焼き払う」ことを名目に世界中から優秀な人材がアメリカに集結したが、ストレスの溜まった研究者は「核爆発」とは違った方向に思考を進めた。

その一つが「13枚の金貨」という問題だ。

13枚のうちに1枚だけ重さの違う偽金貨があり、最低何回天秤を使えば割り出せるのかがテーマだ。研究者たちは計算式によって「3回」という解答を導き出した。そればかりか「13枚が100枚なら」「偽金貨が2枚なら」と難易度を上げていったのだ。しかし、「マンハッタン計画」が遅延するほど「金貨」に熱中したことから、それには中止命令が出されたという。実はこれが今日の情報工学の礎になったというのは余談だが、優秀な技術者というのは目的ではない方向に思考を進める癖があるようだ。

私の「AI開発」においては、周君も同様の癖を見せた。周君の妻は食品分析の研究をしていた日本人女性だが、周君はAIを用いた「美味しいご飯の炊き方」の開発に夢中になる。実に50種類以上の米と七つの炊飯器を事務所に揃えてしまったのだ。

まず周君は、主観的な「美味しさ」を数値化した。澱粉《でんぷん》は人間の唾液に含まれるアミラーゼによって糖に変化するのだが、この糖化を最適化することが「美味しさ」の正体だとして、ＡＩを使って最適化させていったのだ。

導き出された「美味しい炊き方」は——①冷蔵した米を20℃の冷水に浸す、②水を切って38〜40℃の湯で軽く2回研ぐ、③研いだ米を炊飯器へ移し、常温の水を入れる、④炊飯器を保温状態にして20分間放置したのち、炊飯を始める、というものだった。

伝統的な炊飯方法を堅持するプロの料理人からは非難されそうな炊き方だが、周君は、

「日本の科学技術は素晴らしい。なのになぜ炊飯方法は江戸時代から進化させないのですか？　これは科学です。否定する人は宗教的な炊飯方法が好きなのです」

と、胸を張った。

だが、私は、周君の言葉に対する違和感にしばらく悩むこととなった。

事象に内包される多様な要素を「捨象《しゃしょう》」することが「近代科学」の「合理的」手法だ。食味や粒の大きさなど多様な要素を「捨象」し「糖化」を選び、その「再現性」を生み出した周君のアプローチはまさに「科学的」で「合理的」といえるだろう。

だが、最新の研究によれば、日本人は約2800年前から稲作を行ってきた歴史がある。そこで培われた「伝統」を「宗教的」と切り捨ててよいものだろうか……。

私が周君の言葉に感じた「違和感」は、「歴史」という価値の欠落にあった。すなわち「時間」の概念だ。得た端緒はAIを知るにつれ、新たな発見となっていく。こうして私のAI開発プロジェクト「ニャンハッタン計画」も、思わぬ福音をもたらすこととなった。

AIは未来という非合理性を選択しない

AIは、自身で学習してそのデータを合理的に分析して「解答」を導き出すことができる。「解」が間違っていれば、それを「学習」し、新たな「合理的最適解」を導き出す。これを「ディープラーニング」という。

ディープラーニングはGoogle傘下のIT企業、ディープマインド社の開発した囲碁対局プログラム「AlphaGo」（アルファ碁）で一躍有名になった。AlphaGoは2015年に初めてプロ囲碁棋士に勝ち、4代目の「Zero」にアップデートして以降、人間が勝つことは不可能となった。「Zero」の特徴は、対局データを与えられず自己対局によって学習した点で、人間の脳を模した「畳み込みニューラルネットワーク」（CNN）と確率論がキモとなっている。

簡単に説明すれば、「CNN」は「捨象」をするアルゴリズムだ。スマホで写真を撮ると「顔」を認識して追いかけるが、画像全体の中から余計な要素を「捨象」して「顔」を特定するのは「CNN」の得意とするところだ。「Zero」は盤面の上の余分な情報を「捨象」し、選び出された局面から「確率論」によって「合理的最適解」を導き出す。株投資に使われる「AIアルゴリズム」もこの延長線上にあり、多くの要素を「捨象」して、株価を上下させる「要因」を選び、確率論によって「最適解」を導き出すのだ。

一見人間が行っている「科学的思考」と同じように見えるだろう。だが果たしてそうか。決定的な差が「時間」の概念だ。

このような思考プロセスで「AI」が導き出す「最適解」は、ミリ秒単位の「捨象」と「確率計算」の積み重ねによるものだ。AIによる「推測」というのも、「ミリ秒単位」の「捨象」と「確率計算」の積み重ねに過ぎない。

「ヒト」の思考を模しながら「ヒト」よりはるかに速い速度で「合理的解」を積み上げるAIによって、投資家は「ミリ秒先」の未来を手に入れ、1秒の中で投資を行うことができるようになった。その恩恵が莫大であることはいうまでもない。

だが、現在のＡＩは、長大な時間の先にある「未来」をイメージすることはできない。どれほど計算を尽くして長期の未来予測を科学的に導き出しても、「当たるも八卦《はっけ》当たらぬも八卦」の余地は常に残る。最新鋭のスーパーコンピューターを駆使した台風の進路でさえ「予測」であり、「想定外」は常在する。予知、預言、神託、占いの類いにいたるまで、「未来予測」という行為自体が科学的手法からすれば「非合理的」な行為なのだ。

だが、科学的非合理性は、ヒトにとっての「非合理性」とイコールにはならない。浄水場だった土地に誰かが「いつか高層ビル群を建てよう」と考えなければ、新宿の高層ビル群は存在しなかったはずだ。できあがった高層ビル群は都市そのものを発展させ、都庁を呼び込む土台となった。ミリ秒で合理的最適解を導き出すＡＩに、「高層ビル群を建てる」という「非合理的解」を導き出すことは不可能だ。

今日の投資行動の中でＡＩが「デイ」どころか「ミリ秒」のトレードで猛威を振るうのは、このためだ。逆にいえば、「ミリ秒」のはるか外側の「時間軸」にＡＩは生息することができない。

投資の場面に当てはめれば、ＡＩはナノ秒で「合理的最適解」を生み出し、ミリ秒で取引を行うＨＦＴとセットになった時に「獰猛《どうもう》な捕食者」となる。だが、それよりはるかに長い中長期という時間軸の「投資」に生息することはできないということだ。

ヒトがＡＩに勝つには、「浄水場にビルを建てる」的な「非合理的」発想を株投資の場面で生み出すしかないということだ。周君はＡＩ開発に熱中するあまり、その思考まで「ＡＩ的」になってしまったということだろう。

「非合理性」を充満させることこそ、感性を磨くこと

「時間」という概念の重要性を示すために、次頁の四つの図を見比べてもらいたい。これは3月下旬のアメリカ、ナスダック市場の1日、3ヵ月、1年、10年のApple社の株価のチャートだ。

切り抜いて比べてみると、印象はまったく異なって見えることだろう。

ＡＩが生息しているのは「1日」をさらにスライスした「ミリ秒」の世界だ。逆にいえば「ミリ秒」を積み上げる世界でしかＡＩは生きることができない。ヒトがＡＩとの戦いで生き残る術は「ミリ秒」ではなく「1日」、「1日」よりは「3ヵ月」、「3ヵ月」よりは「1年」……というのが私の導き出した「神」と戦うための「時間」で、そこにたどり着く手段が「王道の投資」である。

新規参入した投資家が短い時間の中で投資をしようとする動機の根底にあるのは、「楽をして早く儲けたい」「損をしたくない」というマインドに引きずられた「邪《よこしま》な投資」だ。それではAIには勝てない。

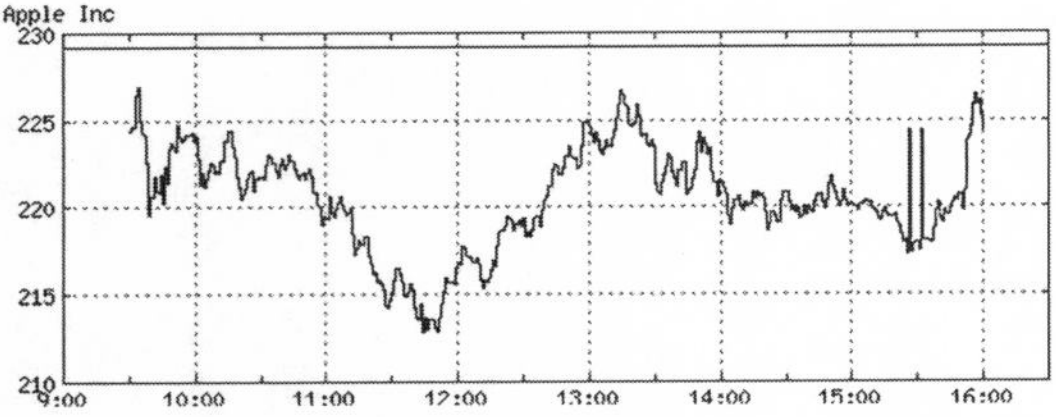

1日

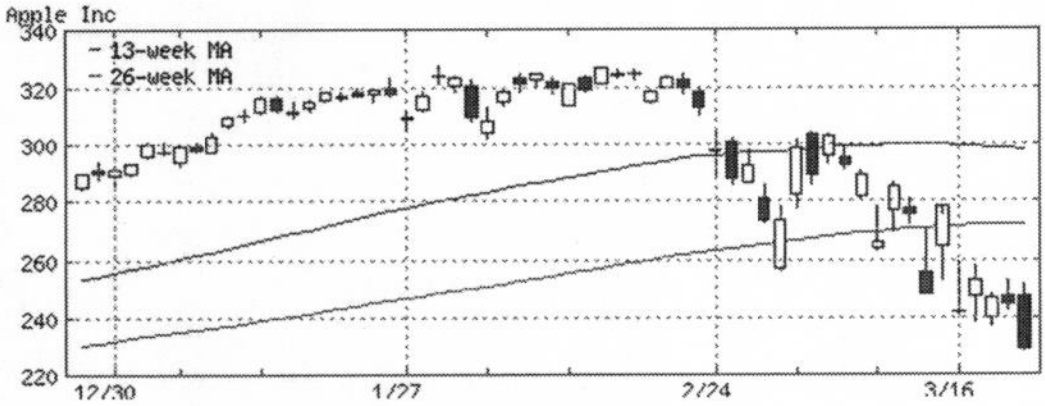

3ヵ月

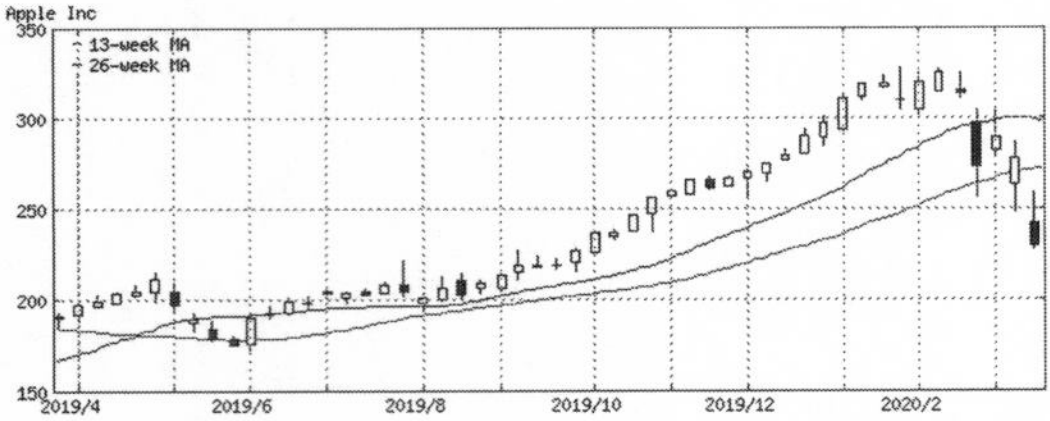

1年

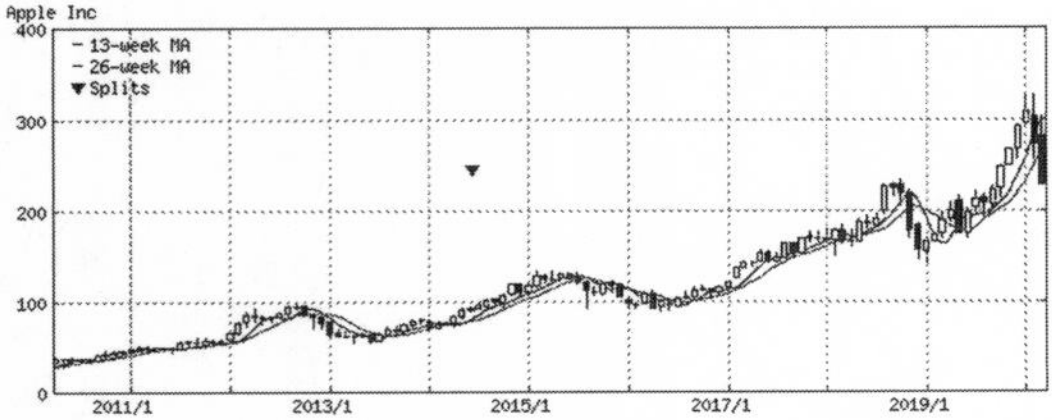

10年

Apple社の株価チャート

すべての株が底なしに暴落している最中だったことや、その後も株価が乱高下し続けたことは、すべて「その後」の時間帯に生きていればわかる。だが、新型コロナウイルスが「ヒトーヒト」感染をした時点で、この大暴落を「想像」することができたのは人間だけだった。**私が最強のマネーゲームの相手として挑んでいたAIは、大暴落の過程でほとんどスイッチを切られているからだ。**

コロナ・ショック下においてAIを使用しているのは下落相場を住処としている一部の大手ヘッジファンドだけだ。ニュースを元にした予測が5分ごとに入れ替わる乱高下の局面にあって、AIに任せ続けても損失が膨らむばかりだったからだと、アメリカの大手機関投資家の社員から聞いた。

過酷な生存環境で生き残ろうとヒトが頼ったのは、旧来の伝統的な「カン」を頼りにする職人的相場師たちだった。仮死状態にされたコンピューターの群れをよそに、長く投資の世界に生きてきた職人たちによる経験と直観に基づいた「シャーマン的預言」が、コロナ・ショック発生直後の投資を支えている。

囲碁や将棋などロジックの世界でAIが人間を凌駕することができても、盤面そのものが喪失するような異常事態の中では、ヒトしか生き残ることができないのだ。

沢木耕太郎氏の『時の廃墟』（文藝春秋）に収録された「鼠たちの祭」には、相場師から明治物産の創業者となり、東京穀物商品取引所の第4代理事長を務めた鈴木四郎氏による「相場観」がこう紹介されている。

「私たちはね、相場が真っ赤に燃え上がる寸前にそれが見えるんですよ」

なんとも抽象的な言葉だが、凄腕の株投資家はチャートを「きれいだ」「美しい」と表現し、そうした時に必勝に近い確率でリターンを得る。アナログな相場の時代からAI時代になっても、優れた投資家が優れた感性の持ち主であることは揺るがない。「ショック」は「ヒト」の持つ「感性」に対する価値観を再評価する機会となった。

「ヒト」が機械に勝てる要素は「感性」なのだ。

とはいえ「株」だけを研究しても、「株」に特化した感性が育つのみで、そこはすでに確率論によって計算を続ける機械が支配する世界だ。ならばまったく違う刺激によって感性を育てることが株で勝つための最短の方法ということになる。

意外に思われるかも知れないが、私は投資家志望の若者に「部屋に花を飾ること」を勧めている。花は普通のものでいい。飾って、面倒を見ることに意味があるからだ。「枯れる」という時間の流れを、「世話」によって後退させるなど、まったく違う角度から「時間」を感じる効果もある。

ただし、大切な人にプレゼントする場合は別だ。日本で一番美しいバラを育てる農場を探して、何ヵ月も前から予約をして手に入れた「最高の一輪」を手渡すのが猫流だ。そこにはただ花を育てるための労力や、最高の中から最高を選ぶ感性が凝縮している。やがて枯れるであろう「最高のバラ」を手渡す時、不思議と次の投資のアイデアが生まれてくる。

感性は感性によってしか刺激されないのだと、私は思う。はなはだ抽象的に聞こえるかも知れないが、**合理性に打ち勝つためには日常を非合理性で満たさなければならない**というのが、私の経験に基づくたった一つの「合理的な方法論」だ。

もちろん「花」は一例に過ぎない。今はさまざまな制約があって難しいが、例えば「芸術」に触れる機会を意図的に増やすことも「合理的な方法論」だ。ギリシャ時代から続く「オーケストラ」という音楽や彫刻、中世からの絵画。日本でいえば「和歌」や「能」など、その作品は「長大な時間」を生き抜いてきたエネルギーに満ちている。

人間しか持つことのできない「未来のイメージ」を持つために必要なのは、「悠久の時間」を生きてきた「実績」に触れることだろう。

執筆活動の影響で私に儲け話を尋ねてくる人は増えた。その度に私は、

「投資家が本当の儲け話を知っていたら人には教えず自分でやりますよ。不親切だったら嘘をいうし、『私が教えてもらいたいくらいです』と逃げるものです。私に儲け話を聞くだけ無駄なんですよ」

と返すようにしている。

だがヒトの欲は果てしない。この状況においても私に「儲ける方法はないですか？」と尋ねてくる人は多い。だがコロナ・ショック後の私は決まって、

「普通の人が儲けを生むことができるような状況ではありません。今は相場に手を出さないことが最良の投資です」

と答えるようにしている。

同時株安という状況は「売り」となるが、下がり幅がある水準を超えると「売り」には規制がかかる。暴落の局面では取引停止となり、どこかで政府が介入する。つまり同時株安というのは乱高下しながら株が下落するということだ。なんの準備もしていない素人が慌てて「売り」をやっても上昇を読み違えて損をして、その損を取り戻そうと「買い」をやればまた下落して、「往復ビンタ」の状態で損失が膨らむのがオチだ。90年代初頭のバブル崩壊の時は私も含めたプロでさえこれにやられたのだから、「損失」は断言できる。

ただしこれは、本書の「投資」あるいは「マネー」に対する考え方の価値を根源的に否定するものではない。**今日の行動は「未来の豊かな人生を作る一歩」という意味では広義の「投資」だ。誰も「投資」や「マネー」からは逃げ出せないのだから、それに対する「考え方」や「姿勢」を応用することこそが苦境を生き抜く鍵になるからだ。**

抜けた「底」

小松左京氏の『日本沈没』（文藝春秋）では、惨事の最初の予兆は、日本海溝の底に現れた奇妙な亀裂と乱流だった。本当の天変地異が起こるサインは、知識や経験がある者しか正しく受け取ることができない。

3月24日、アメリカ市場のダウ平均株価は過去最大となる11・4％の上昇となった。翌25日、東京市場で日経平均が、前日終値から8％上昇し、歴代5位の上げ幅を記録。4月30日には、2万円台を回復した。株式だけを生きてきた投資家の多くは、この数字を見て「落ち着いた」と判断。私が長く知っていて「プロ」と評価する人物も同様の判断であることは私を驚かせた。

「株価」というのは「信用」が創造している。「財務」という数字も、「成長力」という情報も、私のいう「魅力」も、企業に対する「信用創造」の要素に過ぎない。

3月20日にはアメリカのゴールドマン・サックスが、20年の4～6月期のアメリカのGDPが、前期比（年度換算）で24％マイナスの見通しであることを発表した。ゴールドマンなどの証券大手がアメリカの中央銀行とされるFRBと対応を話し合うのは、リーマンの時と同じだ。「FRBから提供された数字を元にシミュレート」されているという内部情報を入手したので、リアルな数字だと捉えている。

ただしこれさえも楽観的だという予測も出されている。3月22日、セントルイス連邦銀行の第12代総裁ジェームズ・ブラード氏は、ブルームバーグのインタビューに、

「4～6月期に失業率は30％まで急激に悪化する恐れがあり、GDPは50％減と、未曾有の落ち込みが見込まれる」

と答えている。連銀はFRBの直轄なので、数字をマイルドにしている可能性もある。失業率30％は非情に深刻な数字といえるだろう。

予測にブレがあるとしても、今回のコロナ・ショックは企業に対する信用の基礎となる「実体経済」に「世界恐慌」と同じ規模の巨大なダメージを与えているのだ。まさに「底」が抜けた状態で、どうして「信用創造」が行われるというのか。

人体に入った弾丸が抵抗力の少ない方向に向けて暴れ回るように、この動きは行き場をなくしたマネーが彷徨《さまよ》っているだけに過ぎない。中央銀行が金融に介入したとしても、実体経済に空いた穴を埋めるまでにはまだ時間がかかる。

世界経済を不安定化させるもう一つの要素が「債券」や「証券」などのペーパーマネーだ。国際金融の世界では、額面が「億円」「億ドル」の「紙」が、その何十分の一のキャッシュで作られることが通常だ。

わずか「１００円」の現金で作られた、額面「１億円」のペーパーマネーを裏付けとしてファンドを形成し、そのファンドに集まったマネーを投資に使って次のマネーを生むということはまっとうな金融マンも行っていることだ。

そのマネーの集積地点こそが「オフショア」と呼ばれる金融の自由都市だ。金融機関がこうした「ペーパーマネー」で得たマネーは、顧客への貸し付けなどに使われる。欧米の銀行が新興企業に対して強気な資金提供を行う理由は、こうした仕組みがあるからだ。

当然、「１００円」と「１億円」との歪《ひず》みが生まれるのだが、世界経済が上り調子の時、この「歪み」は生産される「利益」によって相殺される。問題は、オフショアに蓄積していった「歪み」を金融全体が支えきれなくなった時だ。サブプライム問題に端を発したリーマン・ショックがこの典型例となっている。

史上最高値を更新し続けた「トランプ相場」が形成される過程では、こうした額面ばかりが巨額の「ジャンク債」も大いに利用されたが、力強い上昇トレンドによってバランスは維持されてきた。今回のコロナ・ショックは実体経済のダメージから始まったが、金融に与えたダメージはリーマン・ショックのそれよりも巨大であり、ジャンク債が膨らみ続けている。

「通貨」も発行国への「信用創造」が価値を担保している。「ユーロ」や「円」が強いのは、ＥＵ連合や日本に対する「信用」がそれを担保しているからだ。「信用」の破壊とは、資本主義体制の根幹を揺らしているということになる。３月末時点で「ドル高」が続いているのは、空疎な思い込みより、米軍という「暴力」のほうがよほど信用できるということの証左だ。経済基盤の弱い国の通貨は下落の一途ということで、通貨危機が発生するリスクは高い。

未曾有のＧＤＰマイナス成長という実体経済危機、ジャンク債による金融危機、さらには通貨危機——コロナ・ショックは現在の「経済システム」そのものへの「信用」を破壊したことになる。新型コロナウイルスの感染が一度は終息した地域に逆輸入されるように、一連の経済ダメージは連鎖しながら波状で襲ってくると私は考えている。すなわち、**経済ダメージには、まだまだ先があるということだ。**

私がこう判断できるのは、石油ビジネスを通じてペーパーマネーを扱ってきた経験があるからだ。この世界で「マネーの種」がどう生まれ、どのようなプロセスを経て「マネー」へと転換されていくのかを私は実際に経験している。戦略物資やドルレート、株価の動き、あるいは暴力など、私が「マネーの近未来」を予測する「変数」は、株式だけを扱ってきた証券マンよりはるかに多い。

これが、私と株式だけやってきた投資家とのコロナ・ショックに対する認識の差だ。

希望の地「日本」

現在の株式相場に決して手を出してはならないことは、繰り返し述べてきた。しかし実は、**コロナ・ショックの中で日本の株式市場は金融の逃避地としてかなり有望な場所となると私は考えている。**

後手といわれながらも、感染の大幅拡大を封じ込めていること、暴落したおかげで日本株に割安感が出ていること、ドルに次ぐ安定した通貨「円」で経済を支えていることなどがその理由だ。ガラパゴスな金融環境にあったおかげでペーパーマネーなどを使った資金融通をしなかった。そうした不便さの代わりに、ショックから逃避することができるだろう。リーマン・ショックの実体経済への影響は大きかったとされているものの、世界が受けたダメージに比べれば、日本経済への影響がはるかに小規模で済んだのはこのためだ。

列島は行き場をなくした世界のマネーの安息の地となるだろう。対処さえ間違えなければ、被害国の中ではかなり早く脱出できる可能性は高い。

現在生きている世代が未経験の「世界恐慌」の中で、生きる糧と呼ぶほどに価値があるのは「希望」だ。ところがSNS上では、「希望」を生む源泉をねじ曲げる情報が発信されている。

コロナ・ショックが「消費」にダメージを与えているということで、現金に近い「実弾」の給付はウイルスが終息した後の喫緊の対応策となる。「額が少ない」はともかく、「ばら撒いて選挙の票に繋げるつもりだ」という発言には呆れるばかりだ。

アメリカ同様に絶望的な値に転落するであろうGDPを直接押し上げ、「消費」を復活させるために「現金」という「実弾」をばら撒くのは当然で、今こそ日銀がマネーを刷ってさらなるばら撒きを行うべき時なのだ。今回の経済ダメージを、「政治批判」に転換する「無知」はもはや「暴力」的でさえある。

もっとも重要なことは、「戦争」を通過してもしなくても、どこかで必ず経済は復活するということだ。東京五輪２０２０は現在のところ1年の延期となっているが、「設備の維持費が無駄になる」と絶望するのではなく、「少しでもＧＤＰを増やすことができてよかった」と考えるべきなのだ。「財政破綻」の根底にあるのは、半永久的に存在する「国家」と「一般家計」を同一視するミスリードだ。その是非は他に譲るとして、この緊急事態に公共投資の先は多ければ多いほどよい。

4月30日からは、全国民一律10万円の特別定額給付金の支給が始まった。支給に際しては、

「皆様が自ら積極的に手を挙げていただくことを想定しているものではございません」

とドヤ顔でコメントした政治家もいたが、社会構造が変わってしまったことを認識していないことに驚いた。このような戯《ざ》れ言《ごと》に耳を傾ける必要はまったくない。今後、国からの給付金があったら遠慮せずに手を挙げよう。大切なことは、給付金すべてをできるだけ早く日本国内で消費することだ。「移動制限」で「一丸となって社会を守る」という意識が働いたように、経済循環のための努力を惜しんではならない。それは皆さんの「富」を生む源泉な

のだから。

20年5月12日、トヨタ自動車の社長、豊田章男氏は、21年3月期の連結営業利益が79・5%の大幅減の見通しであることを発表。最終利益は「未定」とした。日本の基幹産業のトップがこうなのだから、今後出揃う各企業の業績が恐ろしいものになることや、その出口が「未定」であることは間違いない。今年秋に最初の危機が訪れる可能性が高いと、私は考えているが。

「世界恐慌」という燃えたぎる釜の中に「円」を溶かす勢いで財政を出動させなければ、この地獄からは抜け出せない。

景気の「気」は気分の「気」ということで、今回のショックを「がんばれば乗り切れる」と主張する脳天気な人や、「笑い飛ばせる」と考えている愚かな人がうらやましい。もはや「気分」でどうにかなる状況ではない。

「冷静な現状認識」こそ「希望」への出発点

圧倒的な絶望を生き残る最後のよりどころは「希望」だ。バブル崩壊で莫大な借金を抱え、黒い経済界に落ちても、何度か命の危機を味わっても、私は「希望」を忘れなかった。

だからこうして生き残ったのだ。**「希望」を見出すための出発点はやはり「冷静な現状認識」**だと私は考えている。

「冷静な現状認識」の重要性は繰り返してきた。その観点に立つと、コロナ・ショックで生**まれた恐慌、アメリカをはじめとした中国への憎悪、史上初のＷＴＩでの原油価格指標マイナスなどの「負」のファクターが、「戦争」という出口に向かっていることは疑いようがない。**もちろん実行されるか否かはプレイヤーたちの対応によるところが大きいので「リスク」という言い方しかできないものの、その「リスク」は極めて「リアル」に近いものだと私は分析している。

尖閣諸島周辺の東シナ海が戦場に選ばれるリスクも同様だ。

総理である安倍氏の任期は21年9月末だが、安倍氏も含めた日本の総理は懊悩《おうのう》の時間を過ごすことになる。どこが戦場になろうと、この戦争にアメリカが参戦する以上、日本には参戦の選択肢以外にありえない。そして参戦する以上、勝つ側にならなければ、この国は中国の「植民地」としてアメリカが行ったこと以上の厳しい環境に置かれることになる。これまで自衛隊は補給や機雷除去など後方任務を中心に海外ＰＫＯ（国連平和維持活動）を行ってきたが、今度は最前線に立たなければならなくなる。当然、相手を殺し、戦死する者も出るだろう。

「懊悩」とは、戦後初めて敵国の兵士を殺害し、戦死者を出すことだ。

特にリベラル系のメディアでは、誰であっても「総理」というのは権力欲にまみれ、独裁的な金の亡者で、人の死などに痛みを覚えないという「設定」になっている。だが政治とは、「有権者」をお客さまとして、最大多数の最大幸福を叶えるビジネスだ。あの民主党でさえ、そうしようとしたことは間違いない。ただし、方向性が真逆だったということだ。

もし「総理」が人の死に無感覚なら、未執行の死刑囚が100人以上もいることをどう説明するのか。これは病気と同じで、殺す立場になってみなければわからない感覚だ。

現在も国会では与党との権力闘争が続いているが、参戦確実の戦争リスクがこれだけ高い時期に総理になりたい者などいるのだろうか。「アメリカが決断した時、不戦を選択する」などと本気で信じているような国際感覚ならば、そもそもこの時代の政治家には向いていない。生まれ変わるか、今すぐ辞めるかを選ぶべきだろう。

戦争とは国家暴力を媒介にした経済活動で、その収益は、敗者側が「ゼロ」、勝者側が「サム」のゼロ－サムとなる。第二次世界大戦でドイツと日本では最先端の科学技術をはじめ、多くのものが「ゼロ」となったのを考えれば理解できるだろう。次の戦争は世界の覇権をかけた戦争なのだから、勝った側は「覇権」に与《あずか》ることができるということだ。

こうした私の分析を「非情」と呼ぶのは間違いだ。暴力とマネーは分けることができないのだから。

「損失」の瞬間から「利益」の時間は始まる

皆さんはコロナ・ショックによる世界同時株安の中、アメリカの世界最大のスーパーマーケットチェーン「ウォルマート」の株価が上昇に転じ、昨年より高い水準の株価になっていることや、「小麦」など穀物の先物取引相場が上昇に転じていたことをご存じだろうか。

いずれもコロナの感染者、死者が世界中で増え続けている3月中旬のことだ。

なぜか――世界中が経済活動を停止してしまっても、人は食物を摂取するからだ。小麦の先物価格はマクロな、ウォルマートの株価はミクロな生命活動のための消費を表している。

このことから導き出されるのは、**移動制限によってサービス業が壊滅する中、現在では就業人口が他の産業に比べて少ない農業や漁業など食物の生産に関する産業は成長産業となることだ。**ネット関連の株価も堅調で、これはコロナ感染によって自宅にいるという新たなライフスタイルを、人が受け入れている表れでもある。

5月中旬時点で、ハローワークなどが紹介する就職先の業種に変化が起こっている。第一次、第二次産業への労働人口移転はすでに始まっているのだ。

状況を読み取っていち早く就職先や転職先をこうした産業に求めるのは、人生に対する「投資」といえるだろう。新たな成長産業の中の「Apple」を見つけ出す努力を怠ってはならない。

また全世界規模の経済活動の停止によって大気がきれいになり、地球環境が急速に良化していることも、あまり伝えられていない。東京五輪を当て込んだ不動産は暴落する可能性が高い。しかし阪神・淡路大震災で建築基準が見直され、東日本大震災後には「免震構造」が建築物の一つの価値になった。今後は外出できない時に備蓄食料を蓄えられたり、抗ウイルスを売りにした建築物が登場したりするかも知れない。日本は第二次オイルショックという刺激によって、省エネという技術を獲得したのだから。

何かを失うということは、何かを得るということを忘れてはならない。投資を考えればわかるように、**「損失」が出た瞬間に「利益」が生まれる時間は始まっている**のだから。

人類はすでにこの多くを喪失する苦難の時代を生き抜こうとしているのだ。私自身も「この後の時代」への投資を開始している。

おわりに

本書出版は前著『金融ダークサイド』（講談社）に企画部の唐澤暁久氏が興味を示してくれたことが大きい。制作の大枠は、現代新書の編集チーム長、青木肇氏に頼るばかりだった。特に、コロナ・ショックへの対応のための内容変更によって、タイトな編集作業を強いてしまった担当編集の栗原一樹氏には頭が下がるばかりだ。前著刊行以後の『現代ビジネス』への寄稿も担当してくれて、二人三脚で新書の原稿として書き溜めていたものがすべて無駄になったが、優秀な担当のおかげで非常に刺激的な一冊になったと自負している。相当に苦しみながらの執筆だったが、読者の皆さんが一人でも苦難の時代を生き抜いてくれればという一心で、どうにか完成にたどり着いた。

私のために尽力してくれた人々も含めて感謝は満腔《まんこう》のものである。

２０２０年６月

猫組長こと菅原潮

猫組長（菅原潮）

1964年生まれ。兵庫県神戸市出身。元山口組系組長。評論家。大学中退後、不動産会社に入社し、のち投資顧問会社へ移籍。バブルの波に乗って順調に稼ぐも、バブル崩壊で大きな借金を抱える。この時、債権者の一人であった山口組系組長を頼ったことでヤクザ人生が始まり、インサイダー取引などを経験。その後石油取引を通じて国際金融の知識とスキルを得る。現在は引退して評論、執筆活動などを行う。

著書に『金融ダークサイド』（講談社）、『暴力が支配する一触即発の世界経済』（ビジネス社）など。『現代ビジネス』に寄稿する「元経済ヤクザ」シリーズは、同サイトで常に上位にランク入りする。『プレジデント』で連載中。

講談社＋α《プラスアルファ》新書　830-1 C

ダークサイド投《とう》資《し》術《じゅつ》

元経済ヤクザが明かす「アフター・コロナ」を生き抜く黒いマネーの流儀

猫組長《ねこくみちょう》（菅《すが》原《わら》潮《うしお》）

2020年6月17日第1刷発行
2020年7月10日第2刷発行

発行者―――――― **渡瀬昌彦**

発行所―――――― **株式会社 講談社**
東京都文京区音羽2-12-21 〒112-8001
電話 編集（03）5395-3522
販売（03）5395-4415
業務（03）5395-3615

デザイン―――――― **鈴木成一デザイン室**

カバー印刷―――― **共同印刷株式会社**

本文データ制作―― **講談社デジタル製作**

印刷―――――― **豊国印刷株式会社**

製本―――――― **牧製本印刷株式会社**

定価はカバーに表示してあります。

落丁本・乱丁本は購入書店名を明記のうえ、小社業務あてにお送りください。

送料は小社負担にてお取り替えします。

なお、この本の内容についてのお問い合わせは第一事業局企画部「＋α新書」あてにお願いいたします。

Printed in Japan
ISBN978-4-06-520329-3